AF461288

ROVTIER POVR LA NAVIGATION DES INDES ORIENTALES,

AVEC LA DESCRIPTION DES ISLES, BARRES, entrées de Ports, & Basses ou Bancs, dont la connoissance est necessaire aux Pilotes:

PAR

ALEIXO DA MOTTA,

QVI A NAVIGÉ DANS CES MERS L'ESPACE de trente-cinq ans en qualité de Pilote Major des Caraques de Portugal, traduit d'vn Manuscrit Portugais.

Voyage de Lisbonne au Cap de Bonne-Esperance, au mois de Mars ou de Septembre.

LE commencement du mois de Mars est le temps auquel on doit partir de Lisbonne pour aller aux Indes Orientales; supposé que le vent le permette: en partant plus tard, comme sur la fin du mesme mois, les Moussons & les vents ne se trouuent pas si fauorables, comme ils le sont lors qu'on part depuis le premier jusqu'au dixiéme de Mars; & les Vaisseaux qui sont partis plus tard, ont esté souuent contraints de relâcher, & d'hyuerner au Mosambic, ou en la coste de Melinde: mais ceux qui attendent jusques au mois d'Auril à partir de Lisbonne, n'arriuent aux Indes qu'auec perte de la pluspart de leur équipage, leurs Vaisseaux en fort mauuais ordre, & c'est vn miracle si ce voyage leur reüssit.

On peut aussi partir de Lisbonne durant tous le mois de Septembre, pour arriuer en Mars à la coste de Mosambique, ou en sa hauteur; parce qu'en cette saison les vents d'Oüest commencent à regner, auec lesquels on peut continuer le voyage à Goa, & y arriuer auant l'Hyuer, qui y commence au mois de May, dans le temps de la pleine ou nouuelle Lune par des vents de Sud, & de grandes tourmentes: & comme les vents qui regnent alors ferment les Barres ou entrées de tous les Ports, il faut tâcher d'y estre auant l'Hyuer.

Dans la saison de Septembre, l'on trouue moins de trauades à la coste de Guinée, & des vents plus fauorables qu'au mois de Mars. On trouue aussi ces mesmes calmes autour de l'Isle de saint Laurens, & à la coste des Indes, lors qu'on y arriue au mois d'Auril.

En quelque temps qu'on parte de Portugal, soit en Mars, ou en Septembre, il faut tousiours faire la mesme route, & ainsi le mesme Routier pourra seruir en l'vne & en l'autre de ces saisons, jusques au Mosambique: mais du Mosambique à Goa, chaque saison à son Rourier different ; comme on verra cy-apres.

1. Partant de Lisbonne, pour faire le voyage du Cap de Bonne-Esperance, on prend d'ordinaire des Pilotes du pays, qui mettent le Nauire hors de cette Barre.

De la rade de Lisbonne, il faut nauiger Sud-Oüest quatre-vingt lieuës, puis tourner Sud-Oüest quart au Sud, jusques à ce qu'on soit à la veuë de l'Isle de Porto-Sancto, qui est à cent quarante lieuës au Sud-Oüest de Lisbonne ; & faisant cette route, on ne manque pas de passer à la veuë de cette Isle, ou de celle de Madere du costé de l'Est.

2. Mais si le vent ne permet pas de passer du costé de l'Est de ces Isles, & qu'on soit contraint de passer à l'Oüest, le meilleur sera de s'en éloigner, en prenant la route d'Oüest-Sud-Oüest, jusqu'à ce qu'on soit en la hauteur de trente-deux degrez quarante minutes, & alors il se faudra tenir enuiron vingt lieuës loin de la pointe de Pargo, pour éuiter les calmes qu'on trouue d'ordinaire vers cette pointe. De là, il faut faire le Sud quart au Sud-Oüest, pour passer à la veuë de l'Isle de Palme.

3. Que si on prend sa route à l'Isle de Madere, & qu'on en passe à dix lieuës, on gouuernera vers le Sud-Oüest, en sorte qu'on puisse passer à la veuë de l'Isle de Palme, enuiron dix lieuës vers l'Oüest ; & si en tenant cette route le vent venoit à changer, & à estre moins fauorable pendant qu'on est entre ces Isles, on pourra passer entre Teneriffe & la grande Canarie, se donnant bien garde en ce chemin d'vne Basse nommée les Saluages, sous la Latitude de trente degrez, où il est fort dangereux de passer la nuit ; c'est pourquoy il est bon de ne point passer cette Basse que de iour, & de faire bon quart. Ce Banc ou Basse est droit au Sud de Porto-Sancto.

4. Apres qu'on a passé les Isles des Canaries, il faut prendre la route suiuante, la corrigeant si on se trouue trop à l'Est.

5. Quand on est à l'Oüest, & en veuë de l'Isle de Palme, il faut tourner de là au Sud-Sud-Oüest, jusqu'à la hauteur de vingt-huit degrez, pour se tirer d'entre ces Isles, & éuiter les calmes que l'on y rencontre tousiours, puis nauiger au Sud-quart, au Sud-Oüest, jusqu'à vingt degrez de hauteur.

6. Mais si on n'a point la veuë de l'Isle de Palme, si l'on est sous sa hauteur, & que par estime l'on en soit éloigné de vingt lieuës à l'Oüest, il faut tenir la route vers le Sud, jusqu'à la mesme hauteur de vingt degrez, afin de passer par le milieu du canal d'entre les Isles du Cap-Verd & la terre ferme.

7. A la veuë de l'Isle de Palme, l'aiguille varie vn peu plus de cinq degrez Nord-Est ; & allant de là aux Isles du Cap-Verd, elle Nordeste dans ce canal, tantost quatre, tantost trois, tantost cinq degrez ; si on est plus à l'Oüest que le milieu du canal, on aura plus grande variation, comme de cinq ou de six degrez ; parce qu'en tirant du milieu du canal vers l'Oüest, la variation de l'aiguille augmente vn peu. Au contraire, en tirant du milieu du canal vers l'Est, la variation diminuë : ce que j'ay remarqué par plusieurs obseruations que j'ay faites, de la variation de l'aiguille en ce parage. Les vents qui y regnent le plus souuent, sont des Brises de Nord-Est, auec des pluyes douces.

8. Si entre vingt & dix-neuf degrez de hauteur, l'aiguille Nordeste de 6. degrez, & que vous preniez la route de Sud au Sud-Oüest, & du Sud vous donnerez sur l'Isle de saint Nicolas ; ce que j'ay experimenté en faisant cette route, depuis cette hauteur pour aller aux Isles du Cap-Verd, & soyez asseuré que si en la hauteur de vingt degrez l'aiguille Nordeste de six degrez, vous estes à l'Oüest du milieu du canal, & que vous vous allez jetter sur ces Isles : pour les éuiter, il faudra faire alors vostre route Sud-quart au Sud-Est, & vous vous remettrez ainsi au milieu du canal, & passerez entre les Isles du Cap-Verd & la terre-ferme, enuiron

trente lieuës à l'Est des Isles, & de là vous tiendrez la route qui suit.

9. De la hauteur de vingt degrez pour aller vers la ligne, il faut faire vostre route au Sud, jusques à la hauteur de huit degrez Nord, & vous * la dresserez suiuant la variation de l'aiguille, à qui vous donnerez quatre degrez; & allant ainsi pendant trois iours, la route vaudra le Sud-quart Sud-Oüest: supposé que vous ayez le vent en poupe; car si vous allez à la Bouline, il y faut auoir égard, & juger par vostre estime & le sillage du Vaisseau, quelle a esté vostre route.

10. Faisant cette route, vous passerez trente lieuës ou enuiron à l'Est des Isles du Cap-Verd. En ce parage, on a ordinairement des vents de Nord-Est, & d'Est Nord-Est, jusques par les six degrez de Latitude Nord, où l'on commence à trouuer des trauades ou grains de vent. Les signes ou marques qu'on void dans ce canal, sont des Alcatras * & quelquesfois des Rilheiros ou traces d'eau blanchâtre, principalement si on est entre la terre-ferme & le milieu du canal; car ces eaux blanchâtres & Rilheiros approchent de la coste. Quand on se trouue engagé dans ces eaux, il faut se tenir vers l'Oüest pour corriger le déchet du Vaisseau.

11. Depuis le vingtiéme degré jusqu'au huitiéme de hauteur, la meilleure route qu'on puisse prendre est d'aller vers le Sud, pour éuiter les courans; parce que lors qu'on a passé les Isles du Cap-Verd, tant plus on approche de la coste de Guinée, tant plus les courans y portent: & estant par les huit degrez, à quelques nonante lieuës de la coste, les courans portent vers l'Est Sud-Est & le Sud-Est; & estant plus prés de la ligne, à pareille distance de la coste de Guinée, les eaux courent au Nord-Est & au Nord Nord-Est, auec grande impetuosité, principalement au temps de la pleine ou nouuelle Lune: car aux autres temps, elles ne vont pas auec tant de vistesse: & à cent cinquante lieuës de la coste, par les trois & deux degrez de Latitude Nord, les eaux courent à l'Oüest Nord-Oüest & à l'Oüest.

12. Enfin, j'estime qu'il est bon de tenir cette route; parce que bien souuent en la hauteur de huit degrez, & au delà vers les sept, on trouue des vents de Sud-Oüest & de Sud-Sud-Oüest: & estant à quatre-vingt dix lieuës de la coste de Guinée, vous pouuez encore faire vostre route au Sud-Est & au Sud-Est quart de l'Est, & vous approcher ainsi de la ligne: ce que vous ne pourriez pas faire, si estant en cette hauteur vous n'estiez qu'à cinquante ou soixante lieuës de la coste, à cause que les eaux vous porteroient dessus en peu de temps.

13. Si l'on estoit party tard de Lisbonne, crainte d'arriuer vers la coste de Guinée à la fin de May, il faudroit prendre sa route vers le Sud, depuis le vingtiéme degré de hauteur jusques au douziéme; & en cette hauteur, se tenir à soixante & dix lieuës de la coste; & de là il faudroit aller Sud-Oüest, jusqu'à ce qu'on rencontrât les vents generaux, que vous rencontrerez à la hauteur de cinq degrez: sous cette hauteur, il sera bon de se tenir vn peu plus prés de la coste de Guinée, pour prendre mieux * le vent, afin de pouuoir doubler plus aisément le Cap de saint Augustin de la coste du Bresil.

14. Arriuant à la coste de Guinée en Auril, on trouue les vents generaux, qui sont des vents de Sud-Sud-Est & de Sud-Est, depuis trois jusques à deux degrez de la bande du Nord; & si vous trouuez en ce parage que l'aiguille varie de quatre degrez ou peu plus, c'est vne marque que vous auez fait bonne route, & vous serez à soixante & dix lieuës, ou enuiron, de la coste de Guinée: & si vous ne trouuez que trois degrez de variation, vous ne serez qu'à quarante lieuës de cette coste: mais si l'aiguille varie de six degrez quand vous serez par les deux degrez de Latitude Nord, alors, vous serez à quelques cinquante lieuës à l'Est du Penedo ou rocher de saint Pierre; & il sera necessaire de tourner vers l'Est, si le vent le permet, afin de l'auoir plus propre pour doubler le Cap de saint Augustin,

* Dando o abatimento que agulha Nordestear no cartear 4. grs. por cada sangradura, e assi cada 3. dias se dara o caminho a Nao do Sul & a quarta do Sudueste.

* *Linschot les appelle Aigles Marines.*

* Et as vezez agoa brancasa com Rilheiros.

* Para tem mais balravente.

* Para cobrar balravento.

15. Cette remarque de la variation de l'aiguille, est la meilleure addresse qu'on puisse auoir pour connoistre combien on est éloigné de la coste de Guinée; & s'il suruient des trauades ou grains de vent quand on est en ce parage, ces obseruations de l'aiguille seront vn moyen fort asseuré pour bien prẽdre ses routes, & pour sçauoir de quel costé on doit tourner; & ainsi, quand vous trouuerez la variation de trois degrez, il faudra tourner à la bordée de l'Oüest: & si elle est de cinq degrez, il faudra continuer à courir en la bordée de l'Est; mais si elle Nordeste de quatre degrez, il faudra faire vos bordées courtes, & dans le temps de vingt-quatre heures courir seize heures à l'Oüest, & huit heures à l'Est, & vous tâcherez de vous tenir éloigné de la coste de Guinée de soixante & dix ou quatre-vingt lieuës, tant que les trauades dureront, & que vous ne rencontrerez point les vents generaux.

16. Quand on est à la hauteur de trois degrez, ou moins, & qu'on entre dans les vents generaux, il faut prendre la route du Bresil, se tenant toutesfois au Lof, & le plus prés du vent qu'on pourra: & s'il deuient Sud, il faudra tourner plus à l'Est tant qu'il durera, prenant cependant à la distance où l'on croit estre de la coste de Guinée: mais le vent general reuenant, il faut cingler au Sud-Oüest quart-d'Oüest, & à l'Oüest-Sud-Oüest, & ne se point ennuyer de suiure cette route; parce qu'à cent lieuës de la coste de Guinée, ou enuiron, les eaux courent au Nord-Est, & on s'en apperçoit bien dauantage quand la Lune est pleine ou nouuelle. Or mettant le Cap au Sud-Oüest, quart-d'Oüest, on va droit à l'encontre des courans qui tiennent le Vaisseau sous* le vent: mais si on ne sent point de courans, * il faut nauiger auec beaucoup de circonspection, & regler sa route sur la variation de l'aiguille, & sur le sillage du Vaisseau, obseruant souuent cette variation, & de combien elle change: auec ces obseruations, il sera facile de prendre la vraye route, & de sçauoir le chemin qu'on aura tenu.

* Para balrauento.
* Rilheiros de agoa.

17. Quand on est arriué à la ligne Equinoxiale auec les vents generaux, on trouue les vents plus propres & fauorables, & ils deuiennent quelquesfois Est, & Est-Sud-Est; & si l'aiguille varie alors de six degrez, c'est signe qu'on a pris la vraye route: mais si on en trouue sept, on est trop à l'Oüest; & si alors le vent est Sud-Sud-Est, & qu'il vous permette de tourner à la bordée d'Est, ie suis d'auis qu'on le fasse, afin de * prendre le vent auant que d'arriuer au parage dans lequel les eaux courent vers l'Oüest; car pour ce qui est du parage dans lequel les eaux courent vers le Nord-Est, il n'est pas si dangereux; parce que le vent qu'on y trouue sert à vous en tirer. Et ne vous fiez * pas aux Routiers, qui vous disent que si estant sous la ligne l'aiguille varie de sept degrez, vous estes dans la vraye route; car iamais ie ne l'ay trouué ainsi à toutes les fois que ie l'ay obserué estant sous la ligne: c'est ce qui me fait connoistre qu'ils se trompent, & que ces routiers ne rapportent pas la verité.

* Para cobrar balrauento.

* *Voyez la remarque qui est à la fin de ce Routier, sur la variation.*

18 Il est fort à propos de faire bon quart dans la route que vous ferez vers le Bresil, & de prendre garde de prés aux vents qui se leuent, remarquant bien aussi le sillage du Vaisseau, & la variation du compas; car ces obseruations importent beaucoup pour faire vne bonne Nauigation: ne vous lassez point d'aller au Lof, & le plus prés du vent que vous pourrez, jusqu'à ce que vous soyez passé les Isles de l'Ascension & de la Trinité, *qui sont par les vingt degrez Sud*. Vous trouuerez les vents d'Est & d'Est-Sud-Est, jusqu'à quatre degrez de Latitude Australe; & quelquesfois apres cette hauteur, ils deuiennent échars & plus contraires, sçauoir de Sud-Est, & continuënt jusqu'à ce qu'on soit à la hauteur de huit degrez, & apres les vents d'Est & d'Est-Nord-Est sont plus ordinaires.

19. Depuis la hauteur de huit degrez en continuant le voyage, il ne faut point approcher de la coste du Bresil que de quatre-vingt à cent lieuës, pour tenir la

vraye route. En ce parage, on a les vents d'Est-Nord-Est; & se tenant éloigné de la coste de cent trente lieuës, ils sont plus fauorables & moins orageux; mais ils sont plus foibles: & ie l'ay trouué ainsi estant à cette distance de la coste, jusqu'à ce que j'eusse en veuë les Isles de Martin-Vas.

20. En la hauteur de dix-sept degrez allant à dix-huit, si l'aiguille Nordeste de treize degrez & demy, vous estes dans la vraye route, & vous passerez entre les Isles de l'Ascension & de la Trinité: que si elle Nordeste d'onze degrez, vous estes prés de l'Isle de l'Ascension du costé de l'Oüest.

21. Si par vents contraires, ou pour n'auoir pas bien gouuerné, on venoit à la hauteur de l'Isle de sainte Barbe, qui est prés des Abrolles du costé de l'Oüest, il n'est pas absolument necessaire pour cela de relâcher en Portugal, parce que le vent de Sud-Est qui est le plus contraire au voyage, ne dure pas long-temps; il tourne ordinairement, & se met au Sud-Sud-Est & au Sud; & auec ces vents, on peut gagner la mer vers l'Est, & se sauuer ainsi des Abrolles: & pendant le temps que durera le vent contraire, on pourra louier Nord-Est & Sud-Oüest, jusqu'à ce que le vent general reuienne.

22. Les Abrolles sont des Bancs qui commencent à l'Isle de sainte Barbe, & s'estendent vers l'Est en la hauteur de dix-huit degrez & demy. Prés de cette Isle, on a fonds à seize brasses; & tirant de là vers Est, il augmente tousiours; ainsi que l'ont trouué deux Carauelles qu'enuoya Diego Botelho, alors Gouuerneur du Bresil, par ordre de Sa Majesté, pour sonder ces Basses & Abrolles. La mesme chose a esté trouuée par plusieurs Pilotes, en nauigeant de la Baye de tous les Saints à la riuiere de Taneiro: mais j'estime qu'il est plus à propos de laisser cette Isle au dessus du * vent, si le temps le permet.

* Sera bom hir a Balravento desta Ilha.

23. Quand on passe entre l'Isle de l'Ascension & celle de la Trinité, il faut veiller de prés à la conduite du Vaisseau; parce qu'on ne sçait pas bien encore comment sont situées ces deux Isles à l'égard l'vne de l'autre; comme j'allois vers l'Isle de la Trinité, qui est marquée en Latitude de 19. degrez & demy dans les Cartes faites sur le patron de celles du Roy; apres auoir passé cette hauteur, j'apperceus vne Isle; & en estant à deux lieuës & demie vers Oüest, ie pris la hauteur au Soleil, & trouuay vingt degrez & plus: le Vaisseau ne bransloit point alors, & le Soleil estoit fort clair; le second Pilote & plusieurs autres prirent aussi hauteur, & la trouuerent de mesme: de maniere, qu'il n'y a point de doute qu'elle n'ait esté prise juste: & ie tiens que cette Isle est celle de la Trinité; combien que quelques-vns des nostres la prissent pour vne de celles de Martin-Vas, à cause de la hauteur qu'ils trouuerent, & que leurs Cartes la marquoient de la sorte: mais ce n'est pas mon opinion; parce que j'ay passé plusieurs fois entre les Isles de Martin-Vas, & les ay veuës de prés: ce sont trois petites Isles toutes proches l'vne de l'autre; & celle dont ie parle estoit toute seule: nous la vismes depuis le matin jusqu'au soir, que nous la perdismes de veuë, le temps estant fort serain. C'est pourquoy ie conseille ceux qui nauigeront par ce parage, de faire bon quart, & de ne se fier pas trop aux Cartes quand ils seront à la veuë de cette Isle que ie prends pour celle de la Trinité; l'aiguille y varie de quatorze degrez & demy Nord-Est.

24. Apres auoir passé les Isles de l'Ascension & de la Trinité, on a des vents variables tantost de l'Est, tantost du Nord-Est, qui se leuent principalement au temps de la nouuelle Lune; mais ils ne sont pas de durée, & sont suiuis de vents d'Oüest, d'Oüest-Nord-Oüest, d'Oüest-Sud-Oüest, & de Sud-Oüest.

Quand on est à la hauteur de vingt-trois degrez, il faut de là en auant faire sa route Est quart au Sud-Est, jusqu'à ce qu'on soit Nord & Sud auec la plus grande des Isles de Tristan de Cunha; il faut dans cette route prendre garde de prés au sillage du Vaisseau, quels vents on a, leur force, & auoir égard à la variation de la Boussolle; en pointant vostre Carte, ne dônez qu'vn Rumb ou 11. degrez de variation à l'aiguille dans tout ce parage d'entre ces Isles de l'Ascension & de la Trinité, jusqu'à ce que vous soyez Nord & Sud auec celle de Tristan de Cunha; donnant seulement cette variation à l'aiguille, & suiuant cette route, vous nauigerez seurement, quoy qu'à cent trente lieuës ou enuiron à l'Oüest de ces Isles, l'aiguille varie de dix-neuf degrez; car de là, la variation va tousiours en diminuant jusques au Cap des Aiguilles où elle est fixe.

25. Touchant le voyage des Isles de l'Ascension & de la Trinité, à celles de Tristan de Cunha, j'ay remarqué que l'estenduë de mer qui est entre deux, n'est pas si grande qu'on la suppose dans les Cartes. Quelques Pilotes disent aussi que le chemin de l'Isle de l'Ascension au Cap de Bonne-Esperance, est plus court qu'on ne le fait: Ce qu'ils disent n'est vray, du chemin de l'Isle de l'Ascension au Cap, qu'en ce qui regarde la distance de l'Isle de l'Ascension à celle de Tristan de Cunha, qui est plus courte qu'on ne l'a suppose: & pour leur faire voir d'où vient leur erreur, ie dis que lors qu'ils courent sur leurs Cartes, ils ne marquent qu'vn quart de variation Nord-Est; & le surplus de la variation qu'il y a les trompe, & leur dérobe ce chemin qu'ils font autrement qu'ils ne croyent.

26. Ie tiens qu'il est plus seur de ne s'approcher point de ces Isles de Tristan de Cunha; parce que la mer y est tousiours fort grosse, & sujette à de grandes tempestes: c'est pourquoy quand on sera arriué à la hauteur de trente-deux à trente-trois degrez, il se faut tenir Nord & Sud auec ces Isles. A soixante lieuës ou enuiron au Nord de ces Isles, l'aiguille varie de 15. degrez, qui est la meilleure marque qu'on puisse auoir pour connoistre quand on est justement au Nord de ces Isles. En faisant cette route des Isles de Tristan de Cunha au Cap de Bonne-Esperance, on trouue des Tenays, de grands Corbeaux qui ont le bec gris, & des Faijoys, qui sont des oyseaux grands comme des Pigeons, & tachetez de noir sur les aisles: mais il ne faut pas prendre ces oyseaux pour vn signe asseuré; car ils vont de costé & d'autre chercher leur pasture, s'arrestent où ils trouuent à pescher, & se mettent à l'eau, car ils ont les pieds comme des Oyes; & ainsi on les trouue tantost plus à l'Est, tantost plus à l'Oüest.

27. Estant par les trente-deux à trente-trois degrez Nord & Sud, auec les Isles de Tristan de Cunha; & trouuant la variation de l'aymant de quinze degrez, il faut prendre sa route à l'Est autant que le vent le permet, & la dresser suiuant la variation de l'aiguille sans en rien rabattre: que s'il ne fait point de Soleil, & que vous vouliez sçauoir combien vostre aiguille varie, il faudra diminuer vn degré de la variation pour chaque vingt-neuf lieuës de chemin que vous aurez fait; car j'ay obserué cette proportion plusieurs fois; & ne donnant qu'vn quart de variation à l'aiguille depuis l'Isle de l'Ascension jusques au lieu où l'aiguille ne varie que de quinze degrez Nord-Est, *i'entends à soixante lieuës au Nord de la plus grande des Isles de Tristan de Cunha*, & depuis ce lieu jusqu'au Prazel ou Banc du Cap des Aiguilles, luy donnant toute sa variation, & la diminuant d'vn degré à chaque fois qu'on auance son chemin de vingt-neuf lieuës; vous aurez tousiours la veuë du Cap, ou du moins vous trouuerez fonds sur le Banc: là où toutes les fois que ie me suis conduit suiuant les anciens Routiers dans la route de l'Isle de l'Ascension, & de celle de la Trinité au Cap, j'ay tousiours passé de soixante ou de soixante & dix lieuës loin du Banc; ce qui m'a fait connoistre qu'ils estoient faux en ce point.

28. Apres qu'on a passé les Isles de Tristan de Cunha; en allant vers le Cap, on trouue des monceaux de l'herbe nommée Sargasso, que les Portugais appellent *Manetas de Bortaon*, & des tiges d'vne espece de rozeaux qui ont plusieurs racines à l'vn de leurs bouts, qu'ils nomment *Trombas*, on en trouue en d'autant plus grande quantité, qu'on approche plus prés du Cap, & aussi selon que l'hyuer a esté plus ou moins grand dans le Pays; parce que les grands courans qui tirent vers le Sud-Oüest les entraînent: d'où vient que lors qu'il a fait vn grand hyuer à la coste,

ils s'en éloignent dauantage, & on en rencontre en plus grand nombre aux endroits où les courans les poussent.

29. Proche du Cap & de la coste, on trouue de ces trombas en grande quantité, & aussi le long de la coste d'Angola & dans les Anses du Cap, qui sont vers Agoada de san Bras: j'en ay veu plusieurs fois auec leurs racines toutes fraisches, sans * auoir de ce limon durcy qui ressemble à des coquilles; marque qu'ils estoiẽt fraîchemẽt arrachées de terre: mais ceux que j'ay trouué plus auant en mer, en estoient tout pleins: ce qui est vne preuue qu'ils viennent de la coste, & qu'ils ont esté portez en mer par les courans qui sortent des Anses, & non pas des Isles de Tristan de Cunha: car s'ils en venoient, on en verroit là autour en plus grande quantité, plus fraîches & plus nettes qu'on ne les y trouue; joint que les courans ne vont pas de ces Isles vers l'Est, pour les porter de là vers la coste; & c'est ce qui me fait dire qu'ils viennent du Cap, & non pas des Isles.

* Seen craquas.

* Vi cheas de craqua & de presentes.

30. Quand on approche de cent lieuës du Cap de Bonne-Esperance du costé d'Oüest, on commence à voir de grands * oyseaux qui ont les aîles grisastres, & le reste du corps blanc; on les nomme Gayuotons ou Mauuin, & on en trouue bien plus grande quantité, & par troupes, entre le Cap & l'Agoada de san Bras; mais quand on est vis-à-vis du Cap, on rencontre d'autres oyseaux blancs, qui ont les bouts des aîles noirs; on les nomme Manche-de-velous; on les void par bandes flottans sur l'eau, entre le Cap & l'Agoada de san Bras; mais quand le vent vient de terre, ils ne s'en éloignent pas beaucoup. On y trouue aussi des Loups-marins, qui sont grands comme des Chiens, & ont le poil tirant sur le gris: tous ces animaux se voyent en plus grande quantité vers l'Agoada de san Bras, à cause qu'il y a beaucoup de poisson, dont ils se nourrissent.

* Grandes com os cotos das azas par dozas.

31. Quand on approche du Cap d'enuiron cinquante lieuës du costé d'Oüest, on rencontre des troupes de petits oyseaux d'vn gris cendré; on les appelle Borelhos: & plus prés du Cap, & tout autour, on void sur l'eau des Corbeaux noirs * fort petits, qui ont le bec blanc: Comme aussi d'autres oyseaux nommez Cagalhos, qui ont les aîles larges, courtes, & tachetées de blanc par les extremitez: quand * on verra quantité de ces oyseaux en mer, c'est signe qu'on est prés du Cap & de la coste; mais on n'en rencontrera pas tant si on est en trente-six degrez de hauteur.

* Muyto neceas & piquiegnas.

* Como se achar muita a varia desta em quantitade de Calcamare.

32. Pour aller au Cap des Aiguilles, il se faut mettre en la hauteur de trente-cinq degrez quarante minutes; & si vous auez moins de hauteur, vous irez droit à terre, & aurez beaucoup de peine à vous en éloigner; parce que la mer y est pour l'ordinaire fort orageuse, & pousse les Vaisseaux vers la terre; joint que le plus souuent à la veuë du Cap, il s'éleue des vents de Sud, qui sont la trauersie de ce parage-là: de maniere que pour se deliurer de ces dangers, il est plus seur de se mettre à trente-cinq degrez quarante minutes, ou à trente-six degrez; & estant à cette hauteur, on ne sçauroit passer deuant le Cap des Aiguilles sans trouuer fonds; parce que le Banc qui est deuant s'estend fort loin vers le Sud, & en cette hauteur on aura fond à soixante & dix & quatre-vingt Brasses menu sable blanc.

33. Au Cap-Falso, * qui est quinze lieuës à l'Est du Cap de Bonne-Esperance, on trouue le fonds de Vaze-molle, & comme delayée; & pour le connoistre mieux, on enueloppe le plomb d'vn linge auquel s'attache la vaze, & cela se fait aussi proche du Banc ou Prazel du Cap des Aiguilles: plus prés de la coste tout joignant ce Banc, on trouuera fonds de menu sable noir & grisâtre: & allant de ce Prazel ou Banc à la Baye de saint Sebastien, on aura le fond de gros sable gris, si on est éloigné de la coste de quinze à vingt lieuës: & n'en estant qu'à enuiron six lieuës, on trouue fond de menu sable noir. Depuis la hauteur de la Baye de saint Sebastien jusqu'à saint Bras, le fond est de gros sable grisâtre mélé de petites coquilles & de burgalsos ou caracoles de mer. * Voicy les sondages de ce fonds.

* Ce Cap est ainsi nommé, à cause que plusieurs l'ont pris pour celuy de Bonne-Esperance au retour des Indes.

* *Ce sont de petits Limaçons longs & fort menus, qui finissent en pointe.*

Estant sur le Prazel ou Banc des Aiguilles à la veuë de la terre, on aura cinquante jusqu'à soixante brasses : estant à vingt lieuës en mer, on trouuerra quatre-vingt brasses : & allant du Sud de ce Prazel ou Banc vers l'Est à quinze lieuës ou enuiron de la coste, on aura soixante & quinze & quatre-vingt brasses fond de gros sable mélé de coquillages : * lors que vous serez à vingt-cinq lieuës ou enuiron de la coste en mer, le fonds sera de six-vingt brasses jusqu'à cent trente, tant qu'on soit Nord & Sud auec la Baye de san Bras ; la veuë de laquelle, en estant éloigné de huit lieuës ou enuiron, on aura quatre-vingt dix brasses fonds en partie de vaze ; & plus prés de terre, on aura le fond de gros sable & de burgalhos ou carracoles : & si vous ne voyez point la terre de puis la Baye de san Bras jusqu'à celle de la Lagoa, vous ne trouuerez point de fond. Si vous prenez bien garde à ces sondes ; & quand l'aiguille commence à tourner vers le Nord-Oüest, vous connoistrez le parage où vous serez, & si vous estes à l'Est ou à l'Oüest du Banc des Aiguilles.

34. Il est bon de passer à telle distance du Cap des Aiguilles, qu'on puisse sonder le fond sur le Banc, afin que selon le temps & la saison où vous estes, vous puissiez deliberer de vostre voyage pour Goa, & sçauoir si vous deuez passer entre la terre-ferme & l'Isle de saint Laurens, ou par le dehors : si vous arriuez au Cap des Aiguilles dans le mois de Iuillet, il faudra passer entre la terre-ferme & l'Isle ; mais si vous n'y arriuez qu'en Aoust, il vaudra mieux passer par le dehors de cette Isle, à cause qu'en ce temps-là on y trouue les vents plus forts & de plus longue durée ; & ainsi, on peut arriuer en moins de temps à Goa, & auec plus de seureté que si on passoit entre l'Isle & la terre.

Les signes & connoissances de la coste du Cap de Bonne-Esperance jusqu'à la Baye de la Lagoa, sont à la fin de ce Routier, ainsi que les a écrits Emanüel de Mesquita en l'année 1575. ayant par ordre du Roy couru cette coste dans vn Vaisseau à Rames, pour la mieux reconnoistre.

Voyage du Cap de Bonne-Esperance à Mosambique & à Goa, quand on passe entre la Terre-ferme & l'Isle de S. Laurens.

SI on trouue fonds au Prazel ou Banc des Aiguilles, ou bien si on a eu la veuë du Cap de Bonne-Esperance ou de la coste, & qu'on soit à la fin du mois de Iuillet ou deuant, il se faut éloigner de la coste pour se garantir des vents de Sud, qui y regnent souuent auec grande violence, & des grandes vagues qui s'y brisent rudement, & jettent les Vaisseaux sur la coste : outre qu'estant proche de terre, les marées vous portent dans les Anses & bras de Mer qui sont à la coste ; car elles courent vers le Sud-Oüest, & vous empeschent d'auancer : d'où vient qu'il est plus seur de s'éloigner de la coste, & de voguer au Sud-Est quart à l'Est les deux premiers iours, & puis tourner à l'Est quart au Sud-Est, tant qu'on ait auancé cent cinquante lieuës, & qu'on soit à quatre-vingt lieuës ou enuiron de la coste.

2. En estant à cette distance, il faut prendre sa route vers l'Est Nord-Est, jusques à la hauteur de trente-vn degrés, & obseruer exactement la route du Vaisseau : quand on approche de la hauteur de l'Isle de S. Laurens, il faudra tourner au Nord-Est quart-d'Est, tant qu'on soit prés de cette Isle, l'on en pourra prendre la veuë depuis la hauteur de vingt-quatre degrez jusques à vingt-deux ; car toute cette coste est fort nette. Dans toute cette route, on doit auoir grand soin de remarquer les vents, le sillage du Vaisseau, & la variation de l'aiguille, & on doit auoir égard à toutes ces obseruations en pointant la Carte. Dans toute cette route, j'ay troué que la variation est Nord-Oüest, jusques aux Islettes brûlées,

iées, ou Ilheos Quemados jusques à la barre de Goa, j'ay trouué qu'elle Nordoüeste, & voicy quelles sont les variations.

Estant 10. lieuës au Sud du Cap de Bonne-Esperance, l'aymant varie vn degré Nord-Est.

A la veuë du Cap Falço, l'aymant varie d'vn demy degré Nord-Est.

A la veuë du Cap des Aiguilles, l'aymant est fixe.

A la veuë de la Baye de S. Sebastien, l'aymant varie d'vn degré & demy vers le Noroüest.

A la veuë de l'Ayguade de S. Bras, il varie de trois degrez Nord-Oüest.

A la veuë de la Terre de Natal, de sept degrez Nord-Oüest, en la hauteur de 32. degrez: Et estant en la mesme hauteur 60. lieuës en mer, *sçauoir vers Est*, il varie huit degrez & demy.

En la hauteur de 28. degrez à 50. lieuës ou enuiron de la coste, l'aymant varie 10. degrez Nord-Oüest.

En la hauteur de 25. degrez, à 60. lieuës ou enuiron de la coste, 12. degrez Nord-Oüest: Et si vous allez plus en mer, vous trouuerez dauãtage de variation Noroüest.

A la veuë de l'Isle de S. Laurens, en la mesme hauteur de 25. degrez, l'aymant varie 15. degrez Nord-Oüest.

A la veuë de la mesme Isle, ou sur son prazel, en la hauteur de 20. degrez, il varie de 14. degrez 40. minutes Nord-Oüest.

A la veuë de l'Isle de Iean de Noua, de 13. degrez & demy; & passant entre cette Isle & la terre-ferme, à peu prés par le milieu du canal, il varie 13. degrez Noroüest.

A la veuë des basses de Iudia du costé de l'Est, 13. degrez Nord-Oüest. Et estant enuiron 20. lieuës à l'Oüest de ces basses, il ne varie que 12. d. ou peu plus Noroüest.

Estant enuiron 25. lieuës à l'Est des mesmes basses, 14. degrez Nord-Oüest. Sur le prazel ou banc de Sofalla en 18. degrez de Latitude à veuë de terre, il varie 12. degrez Nord-Oüest.

A la veuë de Mosambique, de 11. degrez 30. minutes Nord-Oüest.

A la veuë de la pointe de Sud-Oüest de l'Isle de Comoro, l'aymant varie 13. degrez 30. minutes Nord-Oüest.

A la veuë du Cap Delgado, de dix degrez 40. minutes Nord-Ouest.

A la veuë de l'Isle de Zanzibar, de 11. degrez Nord-Ouest.

A la veue de la coste Deserte, en la hauteur de trois degrez 30. minutes Nord, il y a 17. degrez de variation Nord-Ouest.

A la veue de l'Isle de Sacotora, & proche la pointe du costé de l'Ouest où est l'ancreage, il y a 18. degrez de variation Nord-Ouest.

A la veue des Islots brûlez, ou Ilheos Quemados, & de la barre de Goa, il y a 16. degrez ou peu s'en faut.

I'ay obserué moy-mesme toutes ces variations plusieurs fois, le Vaisseau ne branlant point auec vne boussole bien preparée, & en temps fort serain; de maniere qu'il ne faut point douter qu'elles n'ayent esté bien prises, & ie les tiens pour certaines, les ayans obseruées auec toutes les precautions requises.

Quand on va vers l'Isle de S. Laurent, il arriue par fois, qu'en estant assez proche l'on trouue les vents d'Est-Suest, qui ne sont pas bien propres pour s'en approcher si prés qu'on en puisse auoir la veue; & bien souuent on ne rencontre qu'à grand' peine assez de vent pour gagner jusques à 25. degrez, afin qu'y estant on puisse auoir la veue de l'Isle auec ce vent. Et estant arriué à la hauteur de 24. jusques à 22. & se tenant éloigné de 10. lieues de l'Isle vers Ouest, on prendra sa route vers le Nord, jusques à la hauteur* de l'Isle de Iean de Noua, dont il se faut bien donner de garde, principalement de nuit, à cause qu'elle est petite & basse, & toute entourée de bancs, & il sera bon d'en passer à dix lieues vers Ouest; parce que lors que

* Cette Isle est en 16. d. & demie de Lat. Sud.

¶¶

vous en estes a la veuë, les eaux vous portent vers elle.

5. Et estant par les 25. degrez, si vous ne voyez point l'Isle de S. Laurent, il faut gouuerner toute la nuit au Nord, ainsi qu'elle gist; & le iour estant venu, on tâchera d'en approcher & de la voir, en changeant sa route, & corrigeant le déchet qu'on aura eu pendant la nuit, & vous gouuernant en cela suiuant la variation de l'aiguille, laquelle estant de 14. ½ Nor-Oüest, vous serez au milieu du canal d'entre l'Isle & les basses de Iudia: & quand vous serez en la hauteur de 24. degrez, si le vent vient de l'Est, il n'y a point de temps à perdre; & si on veut auoir la veuë de l'Isle, il faut tourner vers le Nord-Nord-Est, & on découurira l'Isle de Iean de Noua, dont il se faut donner de garde, la variation est de 13. ½ Nor-Oüest, lors qu'on en a la veuë.

6. Si on ne peut passer entre l'Isle de S. Laurent, & les basses de Iudia, & qu'on ne soit pas bien asseuré de quel costé on laisse ces basses; il faudra prendre garde de bien prés à la Nauigation, ne manquant pas de faire monter vn homme de iour sur le matereau, & de nuit sur le beaupré, & bien regarder si on n'apperceura rien en mer, quand le Soleil est prest de se coucher; & apres auoir continué la route à l'ordinaire dans tout l'espace de mer qu'on aura pû découurir au soir, il faudra baisser les voiles, & s'arrestant, mettre le Vaisseau de trauers, & demeurer ainsi jusques au matin; & c'est en cette sorte qu'on doit ordonner sa Nauigation, jusques à ce qu'on ait passé la hauteur de ces Bancs.

7. La pointe des Basses de Iudia du costé du Suest, est en la hauteur de 22. degrez; & l'autre pointe qui est du costé de Nor-Oüest, est en 21. degrés 10. minutes: & ayant passé cette hauteur, & en trouuant moins, & ne découurant point ces basses, ny l'Isle de S. Laurent, il faut aller Nord-Est ou Nord-Nord-Est, selon le costé de ces basses, par lequel vous croyez auoir passé, & faire en sorte que vous laissiez l'Isle de Iean de Noua enuiron 10. lieuës à l'Est. On trouuera à la fin de ce Routier comme gisent ces basses, & comment on les connoistra.

8. Ces basses sont fort dangereuses; parce qu'en allant à l'Isle de S. Laurent, & gouuernant au Nord-Est, elles se presentent droit, en trauers, & par le milieu, parce qu'vn de ses costez gist Nord-Oüest & Sud-Est, & s'estend bien loin; c'est pourquoy il ne fait pas bon nauiger en sa hauteur que de iour, & il ne se faut point hazarder de passer par là, si on n'est au delà du 21. degré pour le moins; & il n'y a point de seureté, si ce n'est qu'on ait eu veuë de l'Isle de S. Laurent.

9. Les courans d'eau & le costé où ils courent, sont les marques par lesquelles on peut connoistre dans ce canal si l'on est entre la basse ou banc de Iudia, & l'Isle de S. Laurent, ou entre la mesme basse & la coste de Sophala, les autres marques sont peu considerables: prés de l'Isle S. Laurent on trouue de grands courans qui poussent les Vaisseaux vers les terres. A l'Oüest de la mesme Isle enuiron 15. lieuës & à la hauteur de 22. degrez, les eaux courent vers le Sud le long de l'Isle. Par les 20. degrez ou moins, & à 20. lieuës ou enuiron de l'Isle, les eaux portent au Nord. Par le milieu du canal d'entre les basses de Iudia & la coste de Sophala, les eaux courent à l'Oüest-Sud-Oüest, & au Sud-Oüest, & ces courans sont plus ou moins forts, selon les vents qui regnent & l'âge de la Lune; parce que si en la pleine ou nouuelle Lune on a des vents de Nord, les eaux coureront auec beaucoup plus de violence vers ce Rumb en ce parage; & si le vent est de Sud, elles iront par ce Rumb le long de l'Isle Saint Laurent.

10. Si on rencontre dans ce canal plusieurs petits roseaux entrelassez & branches de Sargasse, qu'on nomme Queuë de Regnard, parce qu'elles leur ressemblent, & auec cela beaucoup d'œufs ou de fray de poisson: il faut regarder souuẽt si on ne découurira point l'Isle de S. Laurens; parce que c'est vne marque qu'elle n'est pas bien éloignée: mais si on rencontre peu de ces signes, on est au milieu du canal d'entre

l'Isle & les basses ; & si on en est encore plus loin, sçauoir à l'Oüest des basses, pas vn de ces signes ne paroistra. Si vous prenez vostre cours prés la coste de Sofale, vous rencontrerez plusieurs Baleines. Il m'est arriué allant par cette route au mois d'Octobre, d'estre emporté en demy iour par les courans & le vent, depuis l'Islette de la Caldeïra jusques à l'Isle Raza, qui en est éloignée de 25. lieuës vers l'Est ; & le iour suiuant ie vis tous les signes de Sargasse, dont ie viens de parler ; mais ie n'y apperceus point de Baleines.

11. Il faut estre bien attentif en ce parage, à considerer la couleur de l'eau ; & si vous ne la reconnoissez pas bien, jettez souuent la sonde : que si vous estes au commencement du prazel ou banc de l'Isle de S. Laurens en Latitude de 20. degrez ou moins, vous aurez 40. brasses de fonds, de gros sable & de pierres ; & quand vous aurez fonds à 30. brasses ou moins, vous aurez la veuë de l'Isle, & irez donner au trauers des Alfaques, qui sont sur le banc & sont fort dangereux : en vn endroit vous aurez 15. brasses d'eau, & incontinent apres vous n'en trouuerez que sept ou encore moins, & tout à l'heure vous reuiendrez à plus grande hauteur. C'est pourquoy depuis le lieu où vous aurez 30. brasses, n'approchez point plus prés de l'Isle auec de grands Vaisseaux. Il ne faut point louier sur ce banc à cause de ces Alfaques, & parce que les courans pourroient en peu de temps pousser le Vaisseau à terre ; si on a le vent contraire, il n'en faut point approcher plus prés que de 25. jusqu'à 20. brasses de profondeur.

Ils appellent Alfaques l'inégalité de fonds.

12. Sur le banc ou prazel de Sofala, qui est en la hauteur depuis les 20. degrez jusqu'à 18. on trouue le fonds sans voir la terre, parce que le banc en cét endroit s'étend bien loin, & que la coste est fort basse ; & ainsi à 20. lieuës ou enuiron on a 30. & 25. brasses de fonds, sable menu & blanc, & en quelques endroits il y en a de rougeastre. A 15. lieuës ou enuiron de la coste, on trouue 20. brasses & le fonds de mesme sable. A 12. lieuës ou enuiron de la coste, on a 13. & 12. brasses, le fonds est de sable grandement delié & blanchastre, auec de petites coquilles : & a quelques 6. ou 7. lieuës de la coste, on trouue 9. & 10. brasses d'eau. Il y a aussi des Alfaques dans ce parage, comme au prazel ou banc de S. Laurens ; c'est à quoy il faut bien prendre garde. Quand vous aurez 30. brasses d'eau, ne passez pas outre vers vn lieu où vous en ayez moins, principalement auec de grands Nauires, tels que sont les Caraques de Portugal. Il faut alors gouuerner Est-Nord-Est pour sortir dehors en mer ; & si le vent ne vous le permet pas, moüillez l'Ancre, en attendant vn vent plus fauorable.

13. Si vous ne voyez point la terre par les 20. degrez ou moins de Latitude, la variation de l'aiguille vous fera connoistre sur lequel des bancs vous estes ; parce que si elle varie de 12. degrez Nord-Oüest, vous serez sur celuy de Sofale ; & si vous trouuez 14. degrez 40. minutes, vous serez sur celuy de S. Laurens : c'est la meilleure marque qu'on puisse auoir en ce parage, pour connoistre sur lequel de ces bancs on est ; & si vous vous y rencontrez, obseruez ce qui suit.

14. Si le vent est Nord-Nord-Est & Nord, qui est le plus contraire qu'on puisse auoir, & si l'aiguille Nordoüeste de 13. degrez, tournez à l'Est ; que si elle Nordoüeste de 14. degrez, tournez vers Oüest, & loviez en cette maniere jusqu'à ce que le vent deuienne fauorable : & ne vous hazardez point d'entrer plus auant sur ces bancs ; mais suiuez la regle que ie vous donne : sur tout, obseruez soigneusement la variation. Ie vous donne cét auis, parce que m'estant troué en la hauteur de 19. degrez auec ce vent de Nord, & reglant ainsi mes routes pendant 15. iours, ie ne fis rencontre d'aucun de ces bans, & les eaux me porterent hors du canal qui est entre la terre-ferme & l'Isle de Iean de Noua.

15. Quand on passe à l'Oüest de l'Isle de Iean de Noua, & qu'on est en sa hauteur, il faut gouuerner au Nord-Est jusques à la hauteur de Mozambique : & si vous

¶¶ ij

voulez aborder à la forteresse, il vous faut mettre en sa hauteur, faisant tousiours bon quart, & prenant bien garde au cours des eaux, dont celles qui sont plus à l'Oüest que le milieu du canal, portent vers le Sud-Oüest durant tout le mois de Septembre; & en Octobre elles vont quelquesfois au contraire vers le Nord-Est: que si vous n'auez point affaire à la forteresse, quand vous estes en sa hauteur, il faut gouuerner au Nord-Est quart de Nord, & au Nord-Est; & faisant cette route, vous passerez à la veuë de l'Isle de Comoro.

16. Si vous auez trouué fonds sur le banc ou prazel de Sofala, en Latitude de 20. degrez ou moins, & que vous vouliez passer de là au Mozambique, il faut vous donner garde d'vne basse qui est en la hauteur de 17. degrez 30. minuttes, & à l'entrée des premieres Isles d'Angoxa, parce qu'elle est fort dangereuse; elle est au Sud-Oüest de l'Isle, où l'on a coustume d'allumer des feux pour seruir de signal aux Nauires de Portugal: cette Isle est petite, & c'est la premiere du costé du Sud Oüest, elle est couuerte de plusieurs grands arbres: c'est au Sud-Oüest de cette Isle qu'est cette basse, qui a bien deux lieuës de long, & en basse marée la mer brise fort dessus: de haute marée on ne void qu'vne couronne de sable qui est à l'extremité de la basse: du costé de Nord-Est & entre cette couronne & cette Isle du Feu il y a vn canal, par lequel on peut passer & sortir d'entre les premieres Isles d'Angoxa, sans qu'il y ait autre lieu par où on puisse déboucher en pleine mer.

17. On peut passer par entre la terre-ferme & les premieres Isles d'Angoxa, par vn canal qui est entre-elles & la coste, qui s'estend Est-Nord-Est & Oüest Sud-Oüest, où on trouue 10. à 12. brasses d'eau, le fonds y est fort net: si vous auez dessein d'aller vers ces Isles, approchez-vous-en plus prés que de la terre-ferme; & si vous y abordez de nuit, jettez l'Ancre sur huit brasses de profondeur. Quand vous aurez passé l'Isle des Palmeiras, qui est la derniere de toutes, & au Nord-Est des premieres, vous serez hors de ce canal; elle est à quelques quatre lieuës de la terre-ferme: ne vous approchez pas si prés de terre, que vous n'ayez tousiours au moins 24. brasses d'eau.

18. A l'entrée de ce canal il y a vne basse dont j'ay desia parlé, qui est enuiron à huit lieuës en mer; à demy lieuë à l'Est de cette basse, il y a plus de 200. brasses d'eau, & à vne portée de mousquet enuiron 40. brasses, & tout contre il n'y a que 11. brasses; le fonds est de Salam gris, auec quelques pierres: si vous vous trouuez sur le banc de Sofala, en hauteur de 19. à 18. degrez, éloignez-vous de la coste, & vous mettez en mer enuiron 15. lieuës, cinglant à l'Est-Nord-Est pour éuiter ces basses & Isles. Ie sonday cette basse l'an 1605. estant second Pilote dans le Vaisseau Oliueira, & ie courus tout autour dans vne Chaloupe.

Salam est vne espece de pierre, comme en grumeaux de sable, qui se deffait en la pressant entre les doigts.

19. Ayant passé les Isles d'Angoxa sur cette route, 30. lieuës auant que d'arriuer au Mozambique, & continuant le voyage le long de la coste, il faut gouuerner au Nord-Est quart à l'Est: de maniere qu'on nauige le long de la coste, à la distance de quatre lieuës: & si on ne void point la terre, il faudra gouuerner au Nord-Est de nuit, & de iour s'approcher de la coste, se donnant garde d'vne roche & d'vn banc, qui est sur la mesme route à douze lieuës du Mozambique, on l'appelle Mogiucalle; ce banc est éloigné de la coste de deux lieuës, & a trois brasses de fonds qui est de Salam dur. Vis-à-vis de cette basse, on void à la coste de terre-ferme de grands arbres semblables à des pins: il faut nauiger en ce parage sur 25. brasses; car si vous n'en auez que 15. vous irez droit donner sur cette basse, comme il m'est arriué en l'an 1598. dans le Nauire nommé le S. Martin.

20. Quand on cingle le long de cette coste, on void à six lieuës de Mozambique quelques collines couuertes de bois, qu'on appelle les Carraques; il semble de loin que ce soient des Islets, à cause que le reste de la coste est plat & vni. Cette coste n'est pas bien nette, c'est pourquoy il n'en faut pas approcher si prés, qu'on ait

tousiours au moins 20. brasses d'eau ; & nauigeant sur cette profondeur, & se tenant éloigné de la coste de quatre lieuës en mer, on fera bonne route.

21. Cinq lieuës auant que d'arriuer à Mozambique, il y a vne pointe de terre basse, au long de laquelle est vne greve ou riuage de sable, & quelques arbres qui paroissent comme des palmiers plantez dans l'eau. Il y a là vne riuiere nommée le Mocambo : quand on a passé cette pointe, la terre se cache, & on n'en voit point d'autre que l'Isle de Mozambique.

Playa de area.

22. Voicy les marques & connoissances de l'Isle de Mozambique : elle a vne montagne haute & ronde qu'on appelle le Pain, elle est en terre ferme dans le Pays, & estant dans l'Isle, elle vous demeure presque au Nord-Oüest. Il y a encore vne autre montagne fort haute, qui a la figure d'vne table quand on la voit de front, on l'appelle la Table : elle est au Nord-Nord-Est de l'Isle, & estant en mer on voit ces deux montagnes separées l'vne de l'autre, & la Table au Nord du Pin, si on vient du costé du Sud-Oüest : mais venant du costé du Nord, on verra le Pin au dessus du milieu de la Table.

23. La forteresse de Mozambique est sous la hauteur de quatorze degrez 45. minuttes Sud ; elle a deuant soy deux Islets ras & à fleur d'eau, sur lesquels on voit quelques arbres : ces Islets sont éloignez de la forteresse vers la mer d'enuiron demy-lieuë, & sont tout entourez de basses du costé de la mer : ils gisent l'vn auec l'autre quasi Nord-Nord-Est & Sud-Sud-Oüest : celuy * de Nord-Est s'appelle l'Isle de S. Georges, & l'autre de S. Iacques. Entre ces Islets il y a vn canal, par lequel peuuent passer des Vaisseaux de trois *a* ponts. Ie passay par ce canal auec le Nauire nommé le S. Martin. Les Vaisseaux qui ont quatre ponts *b* passent par le canal qui a d'vn costé l'Isle de S. George & les Isles des Arbres, & de l'autre Cabeceira. *c*

24 Quand on veut passer par le canal qui est entre l'Isle de S. George & Cabeceira, il se faut donner garde d'vn banc ou bas fond, qui de l'Isle de S. George se jette assez auant en mer vers l'Est-Nord-Est : N'approchez point si prés de cette Islette, que vous ayez moins de sept brasses d'eau, & allez par huit brasses, sans approcher dauantage de la basse qui est à la Cabeceira : & allant par cette profondeur, si-tost que vous découurirez la Plage, qui est du costé de l'Oüest de l'Isle de S. George, vous auancerez ayant tousiours le plomb en main, & moüillerez l'Ancre en vn lieu où il n'y ait point de pierre, mais du sable : & si vn Pilote n'auoit iamais entré par ce canal, si-tost qu'il aura découuert la forteresse, qu'il fasse tirer quelque coup de canon, afin de faire venir vn Pilote du Port, qui sçache l'entrée de la barre.

* Dans les Cartes de Linscot ces Isles sont posées tout au contraire : car elles mettēt celle de saint George vers le Sud, & celle de S. Iacques vers le Nord.

a de 7. à 800. Tonneaux.

b Ce sōt des Vaisseaux de 12. à 1500 tonneaux.

c Cabeceira est en terre-ferme du costé du Nord, assez auant dans le canal.

25. Si vous auez besoin d'entrer dans la barre de Mozambique, mettez l'Isle de S. George sur celle de S. Iacques, en sorte que ces deux ne semblent estre qu'vne seule Isle ; & nauigeant sur huit brasses, allez droit à vn Hermitage nommé saint Anthoine, qui est à la pointe de l'Isle de Mozambique du costé du Sud-Oüest, où il y a vne grande plaine couuerte de Palmiers, & quand vous trouuerez douze brasses d'eau allant par le canal, tournez du costé du Nord, presque comme si vous alliez vers la montagne qu'on appelle le Pain, & de cette façon vous éuiterez la basse qui est à la pointe de la Cabeceira, qui vous demeurera à main droite : & estant deuant Nostre-Dame du Boullevert, qui est vn Hermitage situé au pied de la forteresse du costé de l'Est, il se faut donner garde d'vn bas fond, ou banc de sable qui va de cét Hermitage en mer, & auoir tousiours la sonde à la main par le milieu du canal : & passant au de là de ce bas fonds, & estant vis-à-vis de la pointe de la forteresse qui s'auance vers le Sud-Oüest, il vous en faut tenir éloigné de la portée du mousquet ; & apres auoir passé cette pointe, & vous trouuant à l'abry de la forteresse & deuant la porte, moüillez l'Ancre sur six brasses. Mais comme ce canal a beaucoup de bancs de sables ou bas fonds, dont on se doit donner de garde, il faut

beaucoup d'experience pour y entrer, & c'est le plus seur de prendre vn Pilote du Port, & y entrer à demie marée, parce qu'alors on apperçoit les pointes des basses & * batures contre lesquelles la mer venant à briser, les fait plus aisément reconnoistre. Il faut aussi estre auerty que les eaux courent beaucoup vers ces Islettes de S. Georges & de S. Iacques : quand on les costoye pour entrer dans le canal, il s'en faut éloigner & n'en approcher pas si prés, qu'on n'ait au moins dix brasses d'eau, jusqu'à ce qu'on soit à l'entrée & à la bouche du canal, qui est entre l'Isle de saint George & la basse de la Cabeceira.

* Restinga.

Voyage de Mozambique à Goa dans la saison du mois d'Aoust, jusques à la fin duquel il sera bon partir, & non plus tard.

1. IL fait bon partir de la barre de Mozambique pour aller à Goa, pendant tout le mois d'Aoust. Quand on est hors de la barre, il faut gouuerner au Nord-Est, prenant la route de l'Isle de Comoro, qui est en Latitude de 11. degrez 40. minuttes. Cette Isle est fort haute, à ce qui en paroist de loin, & au milieu de sa hauteur on voit comme vne separation, elle a 14. lieuës d'estenduë. A trois lieuës de sa pointe de Sud-Oüest, il y a vne basse sur laquelle la mer ne brise point : il est mieux de ne s'approcher point de cette Isle, & il faut gouuerner au Nord quand on la voit pour s'en éloigner, & n'estre point embarassé dans ses calmes. A six lieuës ou enuiron de cette Isle presqu'au Sud, il y en a vne autre qui est aussi fort haute ; & entre ces deux Isles il y a beaucoup de fonds, & tout y est fort net.

De compido.

2. A la veuë de l'Isle de Comoro, & vis-à-vis de sa pointe du Sud-Oüest, on trouue 13. degrez & demy de variation : & à la veuë de l'Isle de Querinba, l'aiguille ne varie que de 11. degrez ; & par cette obseruation, encore que vous ne voyez que l'Isle de Comoro, vous sçaurez si vous estes proche de l'Isle de * Querinba ou de celle de Comoro, parce que dans le milieu du canal d'entre ces deux Isles, l'aiguille Nordoüeste de 12. degrez ; & si le calme suruenoit, il vous faudroit donner de garde des courans qui viennent de l'Isle de Comoro, qui portent à l'Oüest la plus part du temps.

Var. NO. 13. d. & demy & 11. d.

* Cette Isle est contre la coste d'Affrique, presqu'en mesme hauteur que Comoro.

Var. 12.

3. Et estant à l'Oüest de l'Isle de Comoro enuiron 20. lieuës, il faut gouuerner au Nord-Est quart Nord, pour s'éloigner de la basse du * Patram, c'est à dire du Patron : & arriuant en sa hauteur de nuit, il faut gouuerner au Nord quart au Nord-Oüest jusques au matin, afin de l'éuiter. Quelquesfois dans cette route, le vent deuient eschars ou vn peu contraire : mais lors qu'on a passé cette basse, on le trouue plus fauorable. A l'Oüest de la mesme basse enuiron 50. lieuës, l'aiguille Nord-Oüeste de 13. degrez, & vn peu plus : mais quand on en est plus prés, on trouue 14 $\frac{1}{2}$ degrez.

* Cette basse est par les 5. deg. Sud

var. 13. deg. N. O. & 14. & demy.

4. Ayant passé la hauteur de la basse du Patram, il faut gouuerner à l'Est-Nord-Est jusques à la hauteur des Islets Quemados * ou brûlés, qui sont en la hauteur de 16. degrez Nord, & il sera bon, lors que vous arriuerez en cette hauteur, d'estre à 120. lieuës ou enuiron de la coste d'Inde.

* Ces Isles sont tout joignant la coste de Goa.

5. Par cette route on voit quelquesfois vers la ligne, de l'eau fort blanche : mais il ne s'en faut pas mettre en peine, car on ne trouue point de fonds par tout ce parage de la ligne : & estant à l'Est * d'Oybo enuiron 70. lieuës, on a 14. degrez de variation Nord-Oüest : & passant plus à l'Est, elle augmente beaucoup.

* Autremẽt Vibo.

Var. 14. d. Nor-oüest.

6. Quand vous aurez passé la ligne Equinoxiale, poursuiuant vostre route vers l'Est-Nord-Est, vous trouuerez que l'aiguille augmente de beaucoup sa variation jusques à la hauteur de 14. degrez Nord, & de là elle continuë encore à s'augmenter jusques à ce qu'elle soit de 19. degrez & plus, ce qui arriue à 80. lieuës à l'Est de l'Isle

Var. 19. d. Nort-oüest.

de Sacotora ; & de là en auant la variation diminuë jusques aux Islets Quemados ou brûlez , où elle n'est que de 16. degrez , & jusques à la barre de Goa , où elle n'est que de 15. & demy : & c'est la meilleure marque qu'on puisse auoir , pour connoître si on est prés des Islets brûlez.

var. 16. d. & 15. & demy NO.

7. Il y a encore d'autres moyens & connoissances par toute cette route de la ligne allant vers Goa , qui sont des Escreuisses ou petits Cancres rouges , des *a* Rabos Forcados , des Rabos de *b* Ionco , des *c* Garagenes , des Francelhos , d'autres Oyseaux semblables à des Cailles , des *d* Alcatras qui ont la pointe des aîles noires , & des Aruelos : tous ces oyseaux viennent de la coste d'Arabie ; & parce qu'ils sont tousiours en mer pour chercher leur vie , & qu'ils vont par tout où ils trouuent à repaistre , & apres se reposent sur la mer ; ie ne les tiens pas pour des marques bien asseurées du lieu où on est : mais ie donne cét auis , afin que ceux qui n'ont point encore nauigé en ce parage , sçachent ce qu'on rencontre en cette route , tantost plus vers l'Est , & tantost plus vers l'Oüest.

a Queuës fourchuës. *b* queuës de Ionc. *c* Manuettes. *d* Ces oyseaux ressemblent à des aigles marines.

8. Quand on est par les neuf à dix degrez de Latitude Nord , on trouue souuent des vents fort contraires , & des courans qui vont vers le Sud-Oüest , quand on est à 70. lieuës ou enuiron de la coste : mais quand on en est plus prés , les eaux courent à l'Oüest-Nord-Oüest : & ces courans sont beaucoup plus forts en pleine ou nouuelle Lune qu'en autre temps , & ils suiuent le mousson du vent qui regne : car lors que les vents d'Oüest commencent , les eaux courent vers le Nord-Est à quarante lieuës ou enuiron de la coste : mais dans le temps des vents d'Est , elles vont vers Oüest-Sud-Oüest , & Oüest Nord-Oüest , comme j'ay dit. Ie croy que ces courans sortent des canaux des Isles Maldiues & des basses des * Chagas , & de tous les autres canaux qui forment la diuersité des basses & des Isles qui sont dans le parage des sept Hirmas , de Saya-de Malha , & des Isles de l'Amirante , & qui de là courent à l'Oüest-Nord-Oüest , jusques à ce qu'ils rencontrent les autres courans qui sont le long de la coste de la Deserte , & courent selon les mouçons des vents qui regnent , ainsi qu'il a esté dit.

* Des Playes des 7. Sœurs

9. Quand vous trouuerez ces courans estant en la hauteur que ie viens de dire , & que la variation n'augmentera point , sçachez que vous estes dans leur plus grande force ; & pour vous en tirer , il faut gouuerner au Nord-Est & au Nord-Nord-Est : par cette route vous vous détournerez de ces courans , & vous trouuerez incontinent que la variation de l'aiguille augmentera ; car en cette hauteur & parage , elle varie prés de deux quarts ou Rumbs ; & ainsi on fait le Nord-Nord-Est & le Nord quart de Nord-Est , jusqu'à ce qu'on ait passé l'embouchure du * détroit , où est la plus grande force des courans , lesquels ne portent iamais vers le détroit * de la Meque , comme on verra par ce que j'en dis dans la description de l'Isle de Sacotora à la fin de ce Routier , où cela est expliqué exactement , & comme il est en effet.

C'est à dire que la var. est prés de 22. d. & demie NO. * C'est celuy de la mer-rouge * C'est le mesme que deuant.

10. Apres auoir passé la hauteur de douze degrez Nord , & n'ayant point eu la veuë de l'Isle de Sacotora , il faut prendre sa route à l'Est-Nord-Est & à l'Est quart de Nord-Est jusques à ce qu'on soit à la hauteur de seize degrez , & de là tourner à l'Est quart du Sud-Est , & continuer ainsi tousiours en la mesme hauteur. Or enuiron quarante lieuës auant que d'arriuer à terre , * on trouuera fonds sur vn banc qui s'estend Nord & Sud , sur lequel on a cinquante brasses d'eau : mais incontinent apres on n'a plus de fonds. Passant outre vers la terre , on verra des * Couleuures sur l'eau , ainsi qu'il m'est arriué quelquesfois , & j'en ay rencontré jusques à cent lieuës loin à l'Oüest de la barre de Goa : & selon que l'Hyuer a esté grand dans le Pays , on les trouue plus prés ou plus loin de la coste ; parce qu'elles en sortent auec les creuës d'eau & les inondations. Quand on est à quinze lieuës ou enuiron de la coste , on a fond de vaze en quarante brasses.

* Sçauoir à la coste d'Inde. * Elles sont grandes cõme des anguilles , au rapport de Linschot.

11. Dans le temps de la pleine & nouuelle Lune, on a pour l'ordinaire de grandes tempestes à la coste d'Inde au mois de Septembre, & au commencement d'Octobre, & ce sont des vents de Sud & de Sud-Sud-Oüest, qui viennent auec grande impetuosité : ce qui pourroit mettre en danger vn Vaisseau qui se trouueroit proche de la coste, ou qui seroit à l'Ancre auec sa charge : c'est pourquoy si on est à telle distance de la coste, qu'on y doiue arriuer l'vn de ces jours-là, il sera bon de s'arrester pour n'y aborder que le lendemain, afin d'éuiter cette tempeste.

12. Les meilleures marques qu'on puisse auoir pour connoistre quand on est prés de la coste, sont des Corbeaux noirs qu'on void sur l'eau par bandes, des os ou écailles de Seche, de l'écume formée en rond qu'on nomme Tostoës, & * Vinteïs, vne espece de glaire auec des saletez de mer, & des œufs ou fray de poisson : quand vous verrez ces signes, vous pourrez estre asseuré d'estre auprés de la coste de Goa.

Pretas è Nedeas.

* Ces Vinteis sont de petits poissons à écailles ainsi nommez, parce qu'ils ressemblent à des pieces de quatre reales, ou à vne demie reale de Portugal.

13. Les Islets Quemados ou brûlez sont au nombre de onze, les vns plus grands & les autres plus petits : celuy qui est le plus en mer est à vne lieuë ou enuiron de la coste. De ces Islets à la barre de Goa, il y a douze lieuës : cette barre est en hauteur de quinze degrez vingt minutes ; on la connoist à vn Morro ou Rocher haut éleué qu'elle a du costé du Nord : il n'y en a point de plus haut depuis les Islets jusques à la barre de Goa ; & sur le haut de ce Morro ou Rocher, il y a vn fanal fort exaucé du costé de la terre ; & plus à l'Est, il y a vne Eglise de S. Laurens que fit bastir le Comte de Linhares en l'an 1633. lors qu'il estoit Vice-Roy des Indes. Du costé du Sud de cette barre, il y a deux Islets qui se nomment les Islets de Goa la vieille. Les grands Vaisseaux peuuent hyuerner dans cette barre, tout contre le Morro ou Rocher de Mormugao, qui les met à couuert des vents de Nord-Oüest, de Sud & de Sud-Oüest. Entre cette barre & celle de Goa, au milieu des deux il y a vne montagne ; & prés de la terre, qui fait partie de l'Isle de Goa & sur la pointe, il y a vne maison de Capucins, qui s'appelle Nostre-Dame du Cap, d'où on découure fort loin en mer.

14. Les Nauires qui arriuent de si bonne heure ; qu'elles peuuent retourner en Portugal dans la mesme année, moüillent à vne portée de mousquet plus loin en mer que le pied de la montagne, qui est contre la forteresse & le fanal qu'on appelle le Morro ou le Terre de Bardes, où est à present l'Eglise de S. Laurens. Les Vaisseaux moüillent vis-à-vis de la forteresse ; il n'y a que six petites brasses d'eau, le fonds est de vaze molle, & on ne trouue point en toute cette barre d'endroit plus propre pour moüiller.

Voyage de Mozambique à Goa dans la saison de Mars, quand on en part dans la fin de ce mois.

1. QVand on a hyuerné à Mozambique, & qu'on veut partir dãs la petite mouson pour aller à Goa : si-tost que la Lune est pleine ou nouuelle, & qu'on a les vents d'Oüest, il faut sortir de la barre auec le vent de terre, quand la marée ne commence qu'à venir, & qu'elle n'est montée que d'vn quart ou d'vn cinquiéme ; afin de pouuoir mieux reconnoistre le canal & les pointes de la Cabeceira, & des rochers qui s'auancent en mer depuis la forteresse Nostre-Dame du Boulleuard ; & lors que vous serez hors de la barre, gouuernez au Nord-Est vers l'Isle de Comorro, dont il sera bon d'auoir la veuë en passant. Na mouçao piguenua

2. Si à la veuë de cette Isle, & apres l'auoir passé, vous auez des vents de Nord, comme quelquesfois il s'en leue en cette saison, il faut courir de iour du costé de Oüest, & de nuit du costé de l'Est, pour euiter les basses de S. Lazare, qui sont en la hauteur de douze degrez, & à quelques quinze lieuës de la coste : & encore que les routiers disent qu'il y a par tout sept brasses d'eau, neantmoins y ayant passé vne fois dans vne petite Galliote en allant des Indes à la coste de Mozambique, ie trouuay le fonds à trois brasses en sondant auec vne longue perche ; c'est pourquoy il s'en faut donner de garde & ne se pas negliger pendant qu'on est entre l'Isle de Comorro & celle de Querimba, qui n'est pas si longue qu'elle est marquée dans les Cartes : & ainsi quand vous serez obligé de louier, il sera bon de regarder pendant le iour, quelle route vous deuez tenir la nuit.

3. Ayant passé la hauteur de l'Isle de Comoro, il faut prendre la route dont il est parlé au Routier, qui est pour le mois d'Aoust, & obseruer les mesmes aduertissemens qui y sont, gouuernant depuis la hauteur de trois degrez de Latitude Sud à l'Est quart Nord, jusques à la hauteur de quinze degrez trente minuttes : * & de cette hauteur on continuëra vers la barre de Goa, gouuernant à l'Est quart Sud, suiuant la façon ordinaire de nauiger par cette hauteur, jusques à ce qu'on soit à la barre de Goa, où on moüillera l'Ancre, en attendant vn Pilote de terre pour faire entrer le Vaisseau dans la barre, pour plus grande seureté du Pilote du Nauire. * De Latit. Nord.

4. En cette saison, il est plus seur d'aller par moins de hauteur, pour faire mieux le voyage vers la barre de Goa la vieille ; parce que comme l'on entre dans le mois de May, les vents de Nord & de Nord-Oüest cessent, & ceux de Sud-Est viennent en leur place ; auec lesquels tant que vous estes en moins de hauteur que cette barre, vous y arriuez auec plus de facilité.

5. On trouue pour l'ordinaire dans cette mesme saison de Mars, des calmes qui font perdre beaucoup de temps ; ce qui est cause qu'on n'arriue quelquefois à la coste qu'à la fin du mois de May, auquel temps la barre de Goa se bouche ; & on doit craindre de la trouuer desia fermée, quand on y arriue en ce temps-là : & pour ce sujet le Roy a fait commandement, qu'en telle rencontre on aille hyuerner à Bombaim : pour y aller il faut prendre sa route vers les Islets Quemados ou brûlez : & si l'Hyuer est desia commencé, ce qui arriue auec vn vent de Sud assez doux, il faut cingler vers le Nord le long de la coste, s'en tenant éloigné de trois ou quatre lieuës, jusqu'à ce qu'on soit vis-à-vis de la barre de Chaul, qui est par les 19. degrez de Latitude : & lors qu'on est Est & Oüest auec la Ville, on apperçoit vne grande barre ; au Sud de laquelle on verra vn grand Morro ou Tertre separé d'vne terre haute, qui continuë dans le Pays vers Est.

6. Au Nord de cette barre de Chaul on voit vn Islet qui a vne separation par le milieu ; ce qui le fait paroistre comme s'il y en auoit deux, il se nomme l'Islet de

Bombain: quand on le voit, il faut s'approcher de terre auec le vent de Sud, jusques à ce qu'on ait sept à huit brasses de fonds; & gouuernant par le mesme Rumb, on ira droit par le milieu du canal & de la baye d'entre Bombain & Carania: que si le temps estoit couuert, on ne verroit ny cét Islet ny Bombain, ny Carania: mais gouuernant par ce Rumb & sur ce fond, on ira fort bien.

7. Si l'on a la veuë de l'Islet de Bombain, & de la coste de Carania, il se faut éloigner de cét Islet, & le laisser à estribord, c'est à dire à droit, & aller par sept brasses d'eau: que si vous en auez moins, il faut tourner vn peu vers le Nord, & aussitost vous retrouuerez ce fonds. Il faut auoir grand soin de sonder lors qu'on est dans cette baye; & quand on voit l'Islet & la terre, il est facile d'entrer dans cette barre.

8. Il ne faut pas approcher de la pointe de l'Isle de Bombain, qui s'auance en mer vers le Sud, à cause qu'il y a vne longue chaisne de rochers, dont il se faut donner de garde en tirant du costé de Carania, & suiuant tousiours le mesme fonds de sept brasses: & lors que vous serez prés d'vne estacade ou rangée de pieux, qui est dans cette barre, où les Pescheurs vont ordinairement tendre leurs filets, vous aurez la pointe du Sud de l'Isle de Bombain à l'Est-Nord-Est, & l'Eglise de Nostre-Dame de la Penna, qui est au haut de la montagne de Carania, au Sud-Est quart à l'Est, & l'Islet des Patéques, qui est tout rond, & est vis-à-vis de Marsagao & de Bombain au Nord quart de Nord-Est.

Restinga.

9. Dans ce parage il faut ancrer sur six brasses & demie, & sept brasses, le fonds est de vaze fort molle & comme delayée, & il faut attendre là des Pilotes du lieu, que les Gouuerneurs de Bombain & de Marsagao ont soin d'enuoyer tout à l'heure, pour conduire le Vaisseau à Turumba, où les Caraques ont coustume d'hyuerner.

10. En passant de ce lieu dont ie viens de parler, où il faut moüiller pour attendre des Pilotes, & à celuy où il faut hyuerner, on trouue vn canal fort fascheux, dans lequel il y a plusieurs detours & peu de fonds; de maniere qu'en Hyuer mesme, quand les vents poussent le plus d'eau dans la barre, il n'y en a tout au plus que six petites brasses, ou cinq & demie, & en quelques endroits cinq seulement: il est vray que le fonds est de vaze fort molle, par laquelle le Vaisseau se fait voire, & on est contraint d'aller par là jusques à ce qu'on soit vis-à-vis de la montagne de Torumba, au haut de laquelle est vne Eglise, & au pied est l'habitation; & lors que cette Eglise vous demeurera à * l'Oüest, il faut moüiller l'Ancre à cinq brasses & demie: & encore qu'il vous paroisse qu'il y ait trop peu d'eau, il n'y a toutesfois rien à craindre; parce que le fonds est de vaze fort molle, & est de mesme bien auant sous l'eau; j'ay hyuerné deux fois en ce lieu & sur ce fonds, auec des Vaisseaux à quatre ponts: * il ne faut point auoir peur du fonds, pourueu que vous soyez bien amaré contre la marée, qui est en cét endroit fort impetueuse.

* A Oeste.

* De douze ou quinze cens tonneaux.

11. S'il estoit besoin de calfader le Vaisseau, ou de découurir la quille, on y auroit beaucoup de peine dans ce Port, principalement si on est contraint de se seruir des Charpentiers & des Calfadeurs du Pays; parce qu'ils dépendent tous du Gouuerneur de Bombain: & si on ne fait marché pour radouber le Vaisseau, on ne peut auoir d'ouuriers: que si le Gouuerneur de Bombain y enuoye, il luy faudra donner tout ce qu'il demandera; ce qui porte prejudice aux affaires de Sa Majesté, & mesmes le fer & le bray y sont plus chers qu'à Goa: c'est pourquoy il vaut mieux faire calfader les Vaisseaux à Goa, où on a le bray & les journées des ouuriers à meilleur compte, encore qu'il y ait plus de bois à Bombain & à Bassaïn, qu'à Goa.

12. Il faut sortir de ce port pour aller à Goa, auec les vents de terre & ceux de Nord-Ouest, qui commencent à la fin d'Octobre & en Nouembre: mais afin que le Nauire sorte à la voile, il faut des vents de terre de Nord-Est & d'Est-Nord-Est: c'est pourquoy il faut auoir des barques pour remorquer le Vaisseau jusques

hors la barre, & ainsi on pourra bien-tost sortir.

13. Il faut que le Nauire sorte déchargé jusqu'à Bombain, où estant on moüille en six ou sept brasses pour prendre sa charge, si elle y est; parce que de ce port & lieu de Torumba jusques à Bombain, on ne trouue point, pendant le Printemps, dans le canal, par lequel les Vaisseaux doiuent sortir, plus de cinq brasses d'eau; & en deux endroits, il n'y en a que quatre, & trois & demy. Il faut sortir en morte marée; parce qu'il faut attendre la marée aux deux endroits, où il y a si peu d'eau; & comme on ne peut aller à Bombain, qu'en deux marées, quand on sortiroit au temps des plus hautes marées & des eaux viues, on ne pourroit non plus franchir ces deux mauuais pas, & de necessité on se trouuera entre les deux en basse marée; & l'eau y deuenant fort basse pendant les eaux viues, le Vaisseau viendroit à toucher, & n'auroit plus d'eau pour le soustenir: mais pour éuiter tous ces inconueniens, il faut faire son possible pour arriuer à la barre de Goa, en temps qu'on puisse hyuerner à Goa la vieille.

Voyage du Cap de Bonne-Esperance, par le dehors de l'Isle de S. Laurens, pour Goa ou pour Cochin.

1. ARiuant au Cap de Bonne-Esperance au mois d'Aoust, qui est vn peu trop tard, il faut poursuiure son voyage par le dehors de l'Isle de S. Laurens, & gouuerner de sorte depuis le prazel ou banc des Aiguilles, qu'en estant à 180. lieuës vers l'Est, on soit par les trente-cinq degrez de Latitude. De ce parage il faut gouuerner à l'Est quart de Sud-Est, afin que la route vaille l'Est-Nord-Est, à cause que l'aiguille a sa variation en ce parage vers le Nord-Oüest. Il faut suiure cette route jusques à ce qu'on soit Nord & Sud, auec la teste de l'Isle de S. Laurens, sçauoir auec l'extremité de sa coste Orientale, & vous ferez bonne route si vous estes alors

en trente-deux degrez de Latitude, & que vous ayez dix-neuf degrez de variation Nord-Oüest.

2. Estant Nord & Sud auec la coste Orientale de l'Isle de S. Laurens, & en 32. degrez de hauteur, il faut gouuerner à l'Est-Nord-Est, jusques à la hauteur de vingt-sept degrez. Dans cette hauteur & ce parage, on a les vents d'Est & d'Est-Sud-Est, encore que par fois on les trouue Nord-Est & Nord-Nord-Est, à cause dequoy il faut prendre garde de prés à bien faire sa route conformément au vent; & il sera bon de voguer à l'Est autant que le vent le permettra, afin qu'on le puisse auoir plus fauorable quand il deuiendra plus contraire à la route.

3. De la hauteur de vingt degrez en diminuant, on a des vents de Sud-Est & de Sud-Sud-Est; & estant à vingt-sept degrez de Latitude, enuiron cent lieuës à l'Est de l'Isle de S. Laurens, il sera bon de gouuerner Nord-Est quart Est si le vent le permet, qui vaudra le Nord-Est quart-Nord; afin de passer par l'Isle de Diego*-Roys, qui est en la hauteur de vingt degrez, ou quelque peu moins, & ce sera bien fait d'en auoir la veuë. De la veuë de cette Isle, ou de sa hauteur, il faut gouuerner de façon, que l'on puisse passer entre les basses des Garayos & celles de Nazare; l'entrée de ce canal est en la hauteur de seize degrez 45. minuttes Sud.

* Ou Diego Rodrigues

4. Mais si estant à la veuë de l'Isle de Diego-Roys, ou en sa hauteur, on trouuoit le vent fauorable, & qu'il donnast lieu de passer à l'Est de l'Isle de Brandoa, ou par le canal qui est entre cette Isle & les basses des Garayos, il faudroit hazarder de passer par ce canal, & ainsi on iroit par le dehors de toutes les basses : mais assez souuent le vent est eschars & peu fauorable entre cette Isle & ces basses, & quelquesfois il deuient Est : c'est pourquoy il ne faut point prendre cette route sans beaucoup de circonspection : & si on passe à l'Est enuiron trente lieuës des basses des Garayos, il faut prendre sa route au Nord-Nord-Est, jusques à la ligne, se détournant de l'Isle de Roque-Pires, qui est en la hauteur de dix degrez, & d'vne autre, qui est en Latitude de six degrez Sud, & que j'ay veuë :* c'est vne petite Isle platte & raze comme la mer, couuerte de quantité d'arbres, & a six lieuës au Sud-Oüest; de cette Isle on void trois Islettes plus petites, auec quelques arbres dessus, qui sont razes comme la mer, elles gisent entre-elles Est & Oüest.

* Elle est marquée dans la Carte auec le mesme nom de Roque-Pires.

a 5. Si estant à la veuë de l'Isle de Diego-Roys, ou en sa hauteur, vous trouuiez plus à propos à cause du vent, de faire vostre route entre les basses des Garayos & celles de Nazare; quand vous serez arriué à l'entrée du canal d'entre ces basses, qui est en seize degrez quarante-cinq minuttes de Latitude, il faudra gouuerner au Nord-Est, de façon que la route vaille le Nord-Nord-Est, pour passer par le milieu de ce canal, tant que vous soyez à la hauteur de treize degrez; d'où il faudra gouuerner au Nord-Est quart de Nord, pour faire que la route vaille le Nord quart au Nord-Est, jusques à la hauteur de neuf degrez : & de cette hauteur on gouuernera au Nord-Est quart à l'Est, de façon que la route vaille le Nord Est quart au Nord, qu'il faut continuer jusques à la ligne.

a On remarquera que les basses de Garayos sont marquées dãs les Cartes, beaucoup plus à l'Oüest que l'Isle de Diego-Rois; & les basses de Nazaré, encore plus que celles des Garaïos: de maniere que ce seroit rebrousser chemin, & il seroit inutile d'auãcer si auant vers Est, pour retourner apres à l'O. Il

6. L'aymant change fort lentement sa variation en ce parage, & dans cette route de l'Isle de Diego-Roys jusques à la ligne. Voicy ce qui en a esté obserué.

b A la veuë de cette Isle du costé d'Oüest, la variation est de vingt-deux degrez Nord-Oüest, & du costé d'Est elle est de vingt-deux degrez & demy : & passant entre les basses des Garayos & l'Isle de Brandoa, on la trouue en cette route jusques à la ligne de vingt-deux degrez & demy, puis de vingt & vn & de vingt : que si on prend sa route entre les basses des Garayos & celles de Nazaré, on aura vingt & vn degrez vn peu moins de variation Nord-Oüest, au milieu du canal qui est entre-deux : & passant de ce lieu à la hauteur de neuf degrez, elle sera vn peu plus de vingt & vn degrez : & poursuiuant sa route vers la ligne, la variation va en diminuant jusques à vingt, dix-neuf & demy, & dix-neuf degrez.

7. Quand on est arriué à la hauteur de vingt-sept degrez de Latitude Sud, suiuant les routes dont on vient de parler; si on a le vent d'Est, il faut courir au Nord quart de Nord-Est, pour aller vers l'Isle de *c* Cirné, & il sera bon d'en auoir la veuë; il *d* y a vingt degrez & demy de variation. De ce lieu ou de sa hauteur, vous deuez faire vostre route en sorte que vous alliez passer entre les basses de Nazaré & celles des Garayos, si le vent le permet, ou bien entre les deux prazels ou bancs de Nazaré, faisant route qui vaille le Nord-Nord-Est, depuis la veuë de l'Isle de Cirné, jusques à la hauteur de dix degrez & demy; & de cette hauteur, vous ferez route qui vaille le Nord-Est jusqu'à la ligne.

pourroit bien y auoir faute dans les Cartes; car il dit vn peu apres, que les basses & les Isles y sont mal marquées.

b Diuerses variations de l'aymát.

c Les Hollandois l'a nomment l'Isle de Maurice.

d Var. 20. & demy NO.

8. Dans toute cette route & parage depuis la teste de l'Isle de S. Laurens, il faut veiller de prés à la conduite du Vaisseau, tant de iour que de nuit, jusques à ce qu'on soit paruenu à la ligne Equinoxiale; parce que dans les Cartes, les basses & les Isles ne sont pas marquées dans leur vraye hauteur, & mesmes il y a beaucoup plus d'Isles & de basses que celles qui sont marquées dans la Carte: c'est pourquoy il se faut donner garde, faire bon quart, & de iour faire tousiours monter vn homme sur le matereau, pour découurir s'il n'y a point quelque basse ou Isle, auoir continuellement l'œil sur la couleur de l'eau, pour voir si elle change: de nuit auoir tousiours la sonde en main, pour sçauoir s'il y a fonds; faire mettre vn homme sur le beaupré, ne voguer qu'auec la grande voile, si ce n'est jusques au lieu & distance qu'on aura pû découurir en mer au coucher du Soleil, & ne prendre asseurance qu'en Dieu & à la bonne garde qu'on fera.

9. On trouue beaucoup d'oiseaux dans cette route & ce parage, sçauoir quantité de Garayos, de Garazines, d'Alcatras gris & blancs auec la pointe des aisles noires, & des Rabos Forcados ou queuës fourchuës: on trouue ces oyseaux en grande quantité prés des Isles & des basses: mais ie ne m'arreste pas à ces signes; parce que ces oyseaux ayant bonne aisle, vont peschant où ils trouuent plus de poisson, & c'est là où ils se rencontrent plus ordinairement. Ie ne les tiens pas pour des marques asseurées du lieu où on est, & il y en a tantost plus, tantost moins.

10. Bien souuent par les dix degrez Sud ou enuiron, qui est la hauteur de l'Isle de Roque-Pires, on aura les vents d'Oüest & d'Oüest-Nord-Oüest, auec des pluyes, jusques par les six degrez: en ce cas vous deuez faire en sorte que vous arriuiez le plustost que vous pourrez aux Isles des Maldiues. Si vous estes sur l'arriere-saison, & que vous n'ayez passé la ligne que dans le 15. de Septembre, vous gouuernerez Nord-Est jusques à la hauteur de seize degrez Nord, & de là vous suiurez vostre route vers la barre de Goa, ayant égard aux mesmes obseruations & remarques, qui sont dans le routier de Mosambique à Goa, dans la saison d'Aoust, au 10. article.

11. Si vous arriuez à la ligne Equinoxiale au commencement d'Octobre, vous prendrez la route de Cochin, & vous mettrez * au dessus du vent des Isles de Mamalé, pour mieux entrer dans le canal qui est en la hauteur de neuf degrez 45. minuttes Nord. Or estant à quelques soixante lieuës à l'Oüest de ces Isles, on trouue beaucoup de * bestioles & de papillons qui en viennent, estans emportez en mer par les vents; ce qui est cause qu'on les trouue si loin. Il ne faut point passer plus haut vers le Nord que cette hauteur; parce que ces Isles ont des * basses & des chaînes de rochers; & allant par le canal qui est en cette hauteur, il n'y a rien à craindre.

* A balrauento.

* Muitos besteiros & borboletas.

* Baixas & restingas.

12. En ce parage, les eaux sortent de ces Isles par leurs * canaux, & suiuent les vents d'Est & d'Est-Nord-Est, courans à l'Oüest & à l'Oüest-Nord-Oüest: mais proche des mesmes Isles & de celles des Maldiues, les courans vont par leurs canaux auec les vents d'Oüest & de Sud-Oüest. Quand on a passé la ligne, l'aiguille varie de dix-huit degrez Nord-Oüest; & à cause de cela, il faut tenir compte de deux quarts & demy; lors qu'on court sur la Carte, & faire la route suiuant les cou-

* Ce sont les interualles de mer qui les separent les vnes des autres.

Var. 18. d.

rans que vous trouuerez, & le vent qu'il fera, ayant aussi égard à la Lune; *a* parce que lors qu'elle est pleine & nouuelle, les eaux courent auec plus d'impetuosité: mais si le vent deuient fort, il ne faudra donner que deux quarts de déchet à vostre route; & s'il n'est pas fort, luy en donner dauantage, parce qu'alors le courant fait plus d'impression sur le Nauire.

13. Si en allant vers ce canal, qui est en la hauteur de neuf degrez 45. minuttes, on auoit le vent contraire, on seroit obligé de passer à la veuë des Maldiues: or il faut sçauoir que prés de ces Isles, les eaux courent auec grande vistesse vers leurs canaux & emboûcheures, & entraînent les Vaisseaux vers leurs anses ou plages: c'est pourquoy s'il arriuoit que vous vinssiez à la veuë de ces Isles, mettez dehors vostre batteau *b* pour aller querir vn Pilote aux Isles pour conduire vostre Vaisseau par les canaux; car tout contre tes Isles il y a beaucoup de fonds: on peut louier deçà & de là en attendant vn Pilote.

14. Par les six degrez de Latitude Nord, il y a vn grand canal entre ces Isles, par lequel les Caraques de Portugal peuuent passer, & il y en a encore d'autres plus au Sud: mais du costé du Nord, les Isles sont plus resserrées, & il y a quelques *c* rochers qui auancent en mer; & quand on passe par quelqu'vn des canaux d'entre ces Isles, il faut aller à Cochin en allant au Lof, & sur le vent le plus que faire se pourra, jusques à la hauteur de dix degrez ou peu moins, & de là gouuerner à l'Est pour aller à la barre de cette Ville.

15. Si vous auez passé par le canal qui est en Latitude de neuf degrez 45. minuttes, il faut prendre vostre route par la hauteur de neuf degrez 50. minuttes, & continuez tant que vous découuriez la terre de Cochin: vous la connoistrez à vne montagne qui entre dans le Pays, & qui ressemble à vne grande table, elle court Est & Oüest, droit par le trauers de la coste, & au pied de cette montagne est *d* Cranganor. Au dessus de la barre de Cochin, on voit dans le Pays vne montagne qu'on nomme Aureille de Liévre, à cause qu'elle en a la figure. Si-tost que vous apperceurez cette montagne, approchez-vous de la coste, & tout à l'heure vous découurirez la barre de Cochin: on en approche d'vne lieuë & demie, & c'est où les Caraques moüillent sur sept ou six brasses vis-à-vis de la riuiere qui entre dans cette barre: & si vous voulez aller à Goa, il faut suiure la coste auec les vents de terre sans la perdre de veuë.

Voyage vers la coste d'Affrique, lors qu'on se trouue à l'Est des Garayos & de Saya de Malha, quand la saison est passée, & que les viures manquent, de façon qu'il y ait apparence qu'on ne puisse arriuer à la coste des Indes, & qu'on soit contraint d'aller hyuerner à Mombasa ou à Mozambique, qui est le plus court chemin qu'on puisse prendre.

1. QVand on fait le voyage par le dehors de l'Isle de S. Laurens, & qu'on a les vents si contraires, qu'on ne peut faire sa route bien à propos, & que la saison se passe, de maniere qu'il y ait lieu de douter qu'on puisse gagner Cochin, & qu'ainsi on soit obligé d'hyuerner à Mombaza, ou à Mosambique, suiuant les ordres & reglemens du Roy, on se pourra seruir de la route qui suit.

2. Si vous vous trouuez sur l'arriere-saison, comme vers le 15. de Nouembre, par les 14. ou 15. degrez de Latitude Sud, & à l'Est des basses des Garayos, & que vous ayez peur de rencontrer des calmes, & que ce retardement causast des mala-

a Le déchet des 2. quarts & demy dont il parle, se donne à cause des Courans, parce que si on n'auoit égard qu'à la variation il ne faudroit donner qu'vn quart & demy, tirant vn peu plus vers le Sud; d'où vient que lors que les véts sont forts, & par consequent que le vaisseau resiste dauantage aux Courãs, il ne faut pas tant de correction que lors qu'ils sont foibles, & que le vaisseau se laisse emporter plus aisément.

b Cét auis n'est point trop seur: le naufrage de Pirard fait assez voir qu'il ne fait gueres bon s'approcher de ces Isles, ny mesmes de se fier trop aux Pilotes du Pays, qui assez souuent font exprés eschoüer les vaisseaux qui en ce rencontre appartiennent au Roy.

c Restingas.

d Cranganor est au Nord de Cochin.

dies parmy vos gens, ou que vous ayez necessité de viures, vous pourrez faire le voyage de Momtba za ou de Mosambique, par entre les basses des Garayos & de Saya de Malha, qui est le plus court chemin, & qui demande moins de temps. Il faut gouuerner depuis cette hauteur à l'Oüest-Nord-Oüest, tournant quelquefois vn peu plus vers le Nord, afin que la route vaille l'Oüest jusques à ce que vous soyez à quelques 30. lieuës au Sud-Oüest de la basse de Saya de Malha, qui est en la hauteur de onze degrez 30. minuttes Sud, & à quelques vingt lieuës au Nord-Est, & vis-à-vis du prazel ou banc de Nazaré, qui est le plus prés des basses des Garayos: par ce canal les eaux courent au Nord-Nord-Oüest, & il y a vingt & vn degrez de variation Nord-Oüest. Var. 21. d. NO.

3. Estant en cette hauteur & parage, il faut gouuerner au Nord-Nord-Oüest & au Nord quart de Nord-Oüest, pour faire que la route vaille Nord-Oüest jusques à la veuë de l'Isle de Galega, qui est en Latitude de neuf degrez 30. minuttes Sud. Il est bon de la voir, afin d'estre plus asseuré de sa route: j'y ay passé, y estant venu de la hauteur de 14. degrez; c'est vne petite Isle raze comme la mer. A la veuë de cette Isle, l'aymant varie de 20. degrez 30. minuttes Nord-Oüest: il y a en cette Isle quantité d'Alcatras blancs, qui ont la pointe de leurs aîles noire, de Garazines, de Garayos noirs qui ont le ventre blanc, & de Rabos Forcados. I'ay passé à 30. lieuës ou enuiron de cette Isle du costé du Sud, où ie n'ay rien veu qu'on puisse apprehender; j'eus en ce canal vn vent de Sud & Sud-Sud-Est, jusques à la hauteur de six degrez Sud: & de cette hauteur approchant de la ligne, ie trouuay des vents d'Est & d'Est-Sud-Est à la fin de Nouembre. Var. 20 d. & demy NO.

4. De la veuë de cette Isle, ou de sa hauteur, il faut gouuerner au Nord-Oüest quart Nord, de maniere que la route vaille l'Oüest-Nord-Oüest jusques à la hauteur de sept degrez 30. minuttes Sud: allant en cette hauteur par le milieu du canal, on découurira vne petite Isle raze & à fleur d'eau, le long de laquelle il y a des fonds & rochers, qui font que la mer y brise; mais si on en passe à vne lieuë ou enuiron, il n'y a rien à craindre, parce que tout y est fort net, & il n'y a ny basse ny rien qui puisse apporter dommage. Il ne faut pas pourtant laisser de veiller soigneusement à la conduite du Vaisseau, considerant la couleur de l'eau, & faisant monter de iour vn homme sur le matereau, & de nuit sur le beau-pré, faisant petite voile de iour, tousiours la sonde en main, & de nuit mettant le Vaisseau de costé à trauers, en sorte qu'il n'auance point plus pendant la nuit, que ce qu'on aura pû découurir en mer de dessus les masts au coucher du Soleil: obseruant ces choses, vous sortirez de ce canal auec plus d'asseurance.

5. Il seroit bon de voir cette Isle qui est en sept degrez 30. minuttes de Latitude Sud, pour s'asseurer dauantage que l'on passe par le milieu de ce canal, & qu'on ne courre point risque de rencontrer la basse de Patrao, ny le prazel ou banc de Iean Martin. Or à la veuë de cette Islette, l'aymant Nordoüeste de 19. degrez. Var. 19. d. NO.

6. Estant en la hauteur de sept degrez & demy, ou à la veuë de cette Islette, qui est en pareille hauteur, si vous auez dessein d'aller à Mozambique, il faut gouuerner au Nord-Oüest quart Oüest, afin que la route vaille l'Oüest* jusques à ce que vous soyez Nord & Sud auec l'Isle de Natal, qui est en Latitude Sud de huit degrez 30. minuttes. Estant au Nord de cette Isle enuiron 28. lieuës, il faut gouuerner à l'Oüest quart Sud, afin que la route vaille le Sud-Oüest-quart Oüest jusques par les dix degrez Sud, d'où il faut gouuerner au Sud-Oüest, de façon que la route vaille Sud-Sud-Oüest jusques à estre en la hauteur des Picos Faragosos: de cette hauteur on prend la route de Mozambique, si les vents & les courans le permettent, faisant son possible pour arriuer à la coste, vers laquelle les eaux courent en ce parage. Dés qu'on l'apperceura, il la faudra costoyer, jusques à ce qu'on ait la veuë de la forteresse ou de la barre de Mozambique, où on entrera, suiuant les

*Il veut peut-estre dire Oüest-quart Nord, autrement il faudroit que l'aiguille variast de 33. d. 45. minutes; mais elle ne varie que de 19. Ce qui fait voir qu'il y

auis qui ont esté donnez au voyage du Cap de Bonne-Esperance à cette barre, qui sont au 23. article.

7. Et parce que l'Ordonnance du Roy porte qu'on ira hyuerner à Bombaza, si on y trouue plus sa commodité; parce que le chemin en est plus aisé en l'arriere-saison, joint que c'est vn lieu plus seur, & que les viures & prouisions y sont en plus grande abondance & à meilleur compte qu'à Mosambique. Quand on sera en la hauteur de sept degrez & demy, ou à la veuë de l'Isle dont j'ay parlé, qui est en mesme hauteur, il faudra faire la route pour Bombaza à l'Oüest-Nord-Oüest, en sorte qu'elle vaille l'Oüest, & aduancer par cette route enuiron quatre lieuës, pour éuiter la basse de Patrao. De ce parage il faut gouuerner au Nord-Ouest, afin que la route vaille l'Oüest-Nord-Oüest jusques à la hauteur de quatre degrez Sud, ou peu moins, qui est celle de la barre de Monbaça, & prendre garde qu'à vingt ou trente lieuës de la coste, il y a des courans qui portent au Nord-Nord-Est, c'est pourquoy il sera bon de se mettre par les quatre degrez quinze minuttes pour aller à cette barre dans le temps que les vents viennent d'Ouest.

8. En Latitude de quatre degrez, cette coste est terre basse & verte auec des sables le long du riuage de la mer, & en Latitude de trois degrez 45. minuttes sont les Amaxambas de a Mutuapa, qui sont trois lieuës au Nord-Est de Monbaça. Mutuapa est vne pointe deliée, au sommet de laquelle on voit dans le Pays vne haute b Lombade qui est auprés de trois montagnes ou tertres: cette Lombade n'a pas beaucoup d'étenduë, & on ne voit en aucun autre endroit de ce parage trois tertres ou montagnes separez les vns des autres, comme sont ces trois-là; ils gisent entre-eux Nord-Oüest & Sud-Est, c l'aiguille Nordoüeste de onze degrez vingt minuttes à la veuë de terre.

9. La barre de Montbaza est justement en Latitude Sud de trois degrez 50. minuttes; c'est vne terre raze le long de la mer, qui a quantité de sables du costé du Nord: & du costé du Sud, on voit vne Lombade dans le Pays, qui fait vne ouuerture sur cette Isle, & demeure du costé du Nord, où elle est plus petite que celle qui va du costé du Sud.

10. Ceux qui voudront entrer dans cette barre auec de grands Vaisseaux, comme sont les Caraques de Portugal, doiuent courir enuiron vne lieuë en mer le long de la coste, soit qu'ils viennent du costé du Nord, ou du costé du Sud, il faut venir à terre la sonde à la main jusques deuant la forteresse: & quant on trouuera 12. brasses, il faut attendre vn Pilote de terre; que s'il n'en vient point, on gouuernera au Nord-Oüest en filant à la pointe où est la forteresse, & puis on suiura par le milieu du canal sur dix, neuf & huit brasses fonds de sable, jusques à estre vis-à-vis d'vn Hermitage qui est sur la pointe, dont il a esté parlé à l'entrée de la barre, qui continuë jusques à la forteresse & à la ville. Quand on est à la portée d'vn fauconneau, ou enuiron, de cét Hermitage vers la mer, il faut mettre le Cap à l'Ouest-Sud-Ouest pour aller à la barre de Tuapa, qui est le lieu où les Nauires vont hyuerner.

11. Quand vous serez vis-à-vis de l'Hermitage & d'vne roche qui est tout auprés, vous verrez vn * amas ou quantité de sable en terre-ferme, qui doit estre à l'Ouest-Sud-Ouest de vous; il faut tourner le Cap droit dessus, ayant fonds de 15. 16. & 10. jusques à ce que la barre de Tuapa paroisse tout à découuert, & alors vous serez vis-à-vis de ce sable: de là il faut passer par le milieu du canal, jusques à ce que vous soyez vis-à-vis d'vne maison qui est dans l'Isle, qui vous doit demeurer à l'Est. Il faut moüiller deuant elle sur 18. brasses d'eau, jusques à 15. & ne craignez rien du costé de terre-ferme; car il y a bon fonds jusques auprés de la roche, j'y ay moüillé sur sept brasses d'eau.

12. Pour entrer dans cette barre, il est bon que ce soit à vn tiers de flot; & quand la

[illegible]rreur est, qu'il ne parle point de Courans en ce parage: toutesfois l'erreur est plustost à la route qu'il donne, & au lieu du N. O. q. à l'O. il faudroit faire l'O. N. O. qui vaudra l'O. ainsi qu'il est porté par l'article suiuant: car si pour aller à Mombaza il faut faire l'O.N.O. il n'y a pas d'apparence que pour aller à Mozambique qui est plus au Sud, on prenne la route du NO. q O.

a Mutuapa est vne habitation sur la mesme coste prés de Mombaza, vn peu plus au Nord.

b Lombada est vne terre fort inégale auec plusieurs coulées.

c Var. n. d. 20. min. NO.

* Areal.

la mer est pleine ou qu'elle baisse, il faut moüiller l'Ancre vis-à-vis de la forteresse sur vingt brasses, & attendre en ce lieu cette hauteur d'eau ou tiers de flot, pour entrer dans la barre, parce qu'elle est fort estroite, & que dans le canal il y a deux pointes bien dangereuses qui ont des esceuils de part & d'autre; & si on entre auec peu d'eau, on apperçoit la pointe des rochers, & on entre auec plus de seureté.

13. Les marées sortent par le reflus auec grande force & impetuosité, & les eaux vont de deuant l'Hermitage, quand la mer baisse, vers ce sable dont j'ay parlé, qui est en terre-ferme; il doit demeurer vers l'Oüest Sud-Oüest quand on va de deuant l'Hermitage, par le milieu du canal, à ce sable, pour entrer dans la barre, & de là on va droit à la maison de noblesse de Tuapa, où il faut moüiller au milieu du canal & de la riuiere.

14. Quand la marée se retire, les eaux courent dans ce parage de deuant cette maison vers ce sable, auec aussi grande vistesse, qu'vne pierre qu'on jette de la main: & de ce sable, elles vont par le milieu du canal vers l'Est Nord-Est. Pour bien sortir de cette barre, il faut passer pardeuant ce sable, se seruant du vent de terre qui vient tous les matins, & prendre le temps qu'il y ait encore vn quart d'ebbe, & qu'il soit morte eauë: c'est alors qu'il faut mettre à la voile, en gouuernant Est Nord Est & Est quart au Nord-Est, ayant fond de vingt, dix-neuf & dix-huit brasses: & quand vous serez à vne portée de canon de la pointe de l'Isle où est l'Hermitage, il faudra gouuerner au Sud & au Sud-Sud-Est, sortant en mer le plus que faire se pourra, à cause que les marées courent auec grande impetuosité vers le Nord, & poussent les Vaisseaux vers la coste: c'est pourquoy il est à propos de sortir en mer enuiron 30. lieuës auant que de prendre sa route pour continuer le voyage vers Goa: ce qui se fait comme il est enseigné au Routier suiuant, qui est pour la saison au mousson d'Auril.

15. L'entrée de cette barre ou canal est si étroite, & a tant d'esceuils, qu'en beaucoup d'endroits il n'y a pas plus de largeur pour passer, que la longueur d'vn Vaisseau; ie vous en auertis afin que vous y preniez garde.

Voyage de Mombaza à Goa, dans la saison de Mars & d'Auril.

1. Quand on est à 30. lieuës en mer de la barre de Mombaza, il faut gouuerner à l'Est quart de Nord-Est pour aller à Goa, de façon qu'on se tienne éloigné de la coste de 40. lieuës ou plus, jusqu'à ce qu'on ait passé l'Isle de Sacotora: & quand on l'aura passée, il faudra faire la route qui a esté enseignée au voyage de Mosambique à Goa en la saison de Mars, & se seruir des auertissemens qui y sont donnez, & aller moüiller deuant la barre de Goa la vieille, ou à la barre de Bombaim.

2. Ie tiens qu'il seroit plus à propos d'aller hyuerner à l'Isle de Sacotora, qu'à Mosambique ou à Mombaza; parce que le climat est meilleur, plus sain, & moins sujet aux maladies, & qu'il y a vne barre, dont il ne faut point craindre l'entrée; & quelque Nauire que ce soit qui arriuera à cette Isle auec sa prouision de biscuit, ne mãquera point de toute autre chose, & à meilleur comte, qu'aux forteresses cy-dessus; parce qu'en cette Isle il y a beaucoup de poisson, qu'on peut prendre sans sortir du Nauire, & qui peut suffire pour nourrir l'équipage: & dans l'Isle il y a quantité de bestail à vil prix, & beaucoup de laitage. De plus, cette Isle de Sacotora n'a point de grands courans, comme on en trouue entre-elle & Mosambique, joint qu'on peut aller de cette Isle à la barre de Goa en peu de temps, à cause que les vents d'Oüest commencent en ce parage au mois de Mars, & ainsi on se peut rendre à Goa

dans le mois d'Auril, auquel temps l'Esté dure encore. Ces considerations me font juger qu'il vaut mieux hyuerner dans cette Isle, & j'en parle auec experience; parce qu'ayant hyuerné à Mosambique, à Mombaza, & en cette Isle aussi, j'ay pû connoistre quel est l'Hyuer en ces trois lieux. On peut voir à la fin de ce Routier ce qu'on doit obseruer pour la situation, la sonde, & le moüillage de cette Isle.

Voyage qui se peut faire en arriuant dans l'arriere-saison au Cap de Bonne-Esperance, & prenant sa route entre la terre-ferme & l'Isle de Saint Laurens.

1. SI l'on ne passe le Cap de Bonne-Esperance que dans le mois d'Aoust, & jusqu'au vingtiéme, il faut faire sa route comme il est enseigné au voyage du Cap à Goa, quand on passe entre la terre-ferme & l'Isle de Saint Laurens, & obseruer tous les auis qui sont donnez dans le Routier, jusques à la veuë de l'Isle de Comoro.

2. Quand on a eu la veuë de l'Isle de Comoro, & qu'on en est à quinze lieuës ou enuiron au Nord, si c'est à la fin de Septembre, qui est bien tard, il faut gouuerner au Nord-Est de telle façon, que vostre route vaille le Nord-Est quart Nord, jusques par les quatre degrez de Latitude Sud.

3. De cette hauteur il faut gouuerner à l'Est, en sorte que la route vaille l'Est-Nord-Est jusqu'à la hauteur de quatre degrez Nord: & en faisant cette route, vous ne manquerez pas d'auoir les vents qu'on trouue lors qu'on vient par le dehors de l'Isle de S. Laurens, sçauoir ceux de Sud-Est & de Sud-Sud-Est; & vous verrez qu'ils durent plus long-temps par cette route, que lors qu'on approche plus prés du détroit de l'Isle de Sacotora.

4. En ce parage vous trouuerez que les courans tirent vers l'Est-Nord-Est: & selon que vous reconnoistrez les courans, le sillage du Nauire, & selon le vent que vous aurez, vous donnerez le déchet à vostre route en pointant vostre charte, ayant aussi égard à la variation de l'aymant: & si par les quatre degrez Nord l'aiguille Nordoüeste de 18. degrez, c'est vne marque que vous estes assez éloigné de la coste Deserte vers le Sud.

5. Ie vous auertis que lors que vous entrerez dans la hauteur des basses de Patrao, vous soyez bien sur vos gardes; car elles sont fort dangereuses: c'est pourquoy il faut aller auec peu de voiles, & gouuerner au Nord-Oüest pendant la nuit, faisant bon quart jusqu'au jour; & alors vous corrigerez vostre route, afin de vous remettre dans celle que j'ay dit. Estant en cette hauteur de quatre degrez Nord, il faut faire l'Est-Nord-Est sur la boussolle, afin que la vraye route soit Nord-Est jusques au canal des Isles Mamaleque ou à leur hauteur, qui est de neuf degrez 45. minuttes. Il faut passer par ce canal pour aller à Cochin, obseruant les auis qui ont esté donnez aux articles 11. 12. 13. 14. & 15. du Routier qui conduit à Cochin par le dehors de l'Isle de S. Laurens.

6. Si vous allez par cette route, & que vous rencontriez les basses de Patrao, & le prazel ou banc de Iohan Martins, l'aymant Nordoüestera de 16. à 17. degrez; & en ce parage vous trouuerez beaucoup d'oyseaux, comme des Garayos, des Garazines, des Alcatras blancs auec la pointe des aisles noire, & des Rabos-Forcados.

Var. 16. à 17. d. NO.

7. Ie trouue qu'il y a moins de danger en ce voyage, que lors qu'on passe par le dehors de l'Isle de S. Laurens; parce que le vent venant à manquer, & la saison se passant, on sera plus prés des ports où on se pourra retirer & passer l'Hyuer, & ainsi on ne perdra point le temps à retourner sur sa route, & on épargnera les vi-

ures; parce que le chemin n'est pas si long, que si on passoit par le dehors de l'Isle.

8. Faisant le voyage par le dehors de l'Isle de S. Laurens, on trouue quelquefois en la hauteur de 30. degrez les vents Est & Est-Sud-Est, & Nord-Nord-Est, qui durent si long-temps qu'on perd le mousson propre pour aller à Cochin : & auant que d'arriuer dans vn parage où on puisse trouuer des ports pour hyuerner, on court de grandes risques, l'Equipage deuient malade, & il en meurt la plus grand' partie du mal de Loanda ou Scorbut : & par cette raison, ie n'approuue pas la route cy-deuant décrite. Pour ce qui est des vents dont j'ay parlé, qui se trouuent vers la teste de l'Isle de S. Laurens en la hauteur de 30. degrez, ie rencontray vn Vaisseau qui estoit party l'an 1619. qui retourna auec les mesmes vents pour repasser l'Isle de saint Laurens; & ce ne fut pas sans beaucoup de trauail qu'il pût aller hyuerner à Mosambique. Ie trouuay ces mesmes vents en cette hauteur l'an 1620. & ils me durerent jusques au mois d'Octobre : & parce que la saison ou mousson estoit passée, j'allay hyuerner à Mombaza passant à trauers des basses des Garayos & de celles de Saya de Malha, auec beaucoup de danger.

Voyage de Goa au Cap de Bonne-Esperance par Mozambique, passant entre la terre-ferme & l'Isle de S. Laurens.

1. POur bien faire le voyage de Goa au Cap de Bonne-Esperance, en passant entre l'Isle de S. Laurens & Mosambique, il faudra sortir de la barre de Goa dans le mois de Decembre, & prendre sa route vers Oüest auec les vents de terre, jusques à 30. lieuës ou enuiron de la coste : & en gouuernant, il faut auoir égard à la variation, & se tenir* sur le vent le plus que faire se pourra : de maniere que lors que vous serez à cette distance de la coste, vous soyez en la hauteur des Islets brûlez, d'où il faut gouuerner à l'Oüest-Nord-Oüest.

* O mais de Ló.

2. Quand vous serez éloigné de la coste, & que vous entrerez dans le vent general de Nord-Est, il faut gouuerner à l'Oüest, prenant quelquefois vn peu plus au Nord; de maniere que vostre route vaille l'Oüest-Sud-Oüest jusques par les neuf degrez de Latitude Nord : parce que les eaux courent en ce parage au Sud-Oüest, & l'aymant y varie de 18. degrez : & cette variation jointe aux courans, fait abbatre le Nauire de plus de deux quarts : & estant en cette hauteur de neuf degrez Nord, il sera bon d'estre à 60. lieuës ou enuiron du Cap de Guarda-Fuy. Var. 18 NO.

3. De cette hauteur de neuf degrez, il faut gouuerner de iour à l'Oüest-Nord-Oüest, & faire son possible de voir la terre, auant que de passer la hauteur de cinq degrez Nord; & ce n'est que pour en auoir la connoissance : car si-tost que vous l'aurez découuerte, il vous en faut éloigner jusqu'à ce que vous la perdiez de veuë, & faire vostre route au Sud-Oüest jusqu'à la ligne; mais pendant la nuit, il vous faut tousiours donner de garde d'approcher de la coste, faire bon quart, & gouuerner comme elle gist jusqu'à la ligne.

4. Estant à la ligne Equinoxiale, vous gouuernerez de iour au Sud-Oüest, & de nuit vous prendrez vn quart du Sud, en sorte que vous soyez éloigné de terre de 20. lieuës ou enuiron, & faires tousiours bon quart jusques à la hauteur de huit degrez du costé du Sud, vous donnant garde des Isles de Pemba, Zamzibar & Monfia : & si vous ne découurez aucune de ces Isles, il faut gouuerner au Sud-Oüest sans prendre plus au Sud, & faire vostre possible pour auoir connoissance de la terre par les dix degrez de Latitude Sud, sçauoir prés du Cap Delgado : mais si vous auez la veuë de quelqu'vne de ces Isles, il vous faut gouuerner de façon que vous puissiez voir la terre en la hauteur de dix degrez de Latitude Sud.

La coste deserte est depuis la hauteur de 10. d. Sud, jusqu'à la ligne & au delà vers le Nord.

5. Les signes & marques qu'on rencontre dans cette route de la Deserte, jusques au Cap Delgado, sont des Alcatras qui ressemblent aux Mangas de Veludo, & des Rabos Forcados ou queuës fourchuës : & approchant de la coste on trouue des Gazines & des Garayos, qu'on entend gazoüiller de nuit : on y void aussi des branches de Sargasse, des Tortuës, de petits rameaux qui ont des gousses ou boursettes, des Candeïnas de Mangues, & des branches d'vne herbe qui a trois petites * gousses qu'on nomme pieds de Poule : on trouuera toutes ces marques quand on sera auprés de la coste ; mais les autres signes se voyent lors qu'on est plus auant en mer.

* De tres follinas.

6. Dans la saison des vents d'Est faisant sa route à 30. lieuës en mer ou enuiron loin de la coste de la Deserte, les eaux courent Sud-Oüest & Sud-Sud-Oüest, c'est pourquoy il est bon de ne s'éloigner pas plus de 20. lieuës de la coste en mer ; parce que les eaux n'y courent pas tant, ny auec tant de vistesse : & si on est plus de trente lieuës en mer, elles courent auec beaucoup d'impetuosité vers le Sud-Oüest & Sud-Sud-Oüest, & portent les Nauires sur l'Isle d'Aro ou sur celles de Comoro : mais si on nauige à 20. lieuës de la coste, il n'y a rien à craindre ; parce que la mer est nette par tout en cette route, & il n'y a qu'en la hauteur de l'Isle de Mombaza jusques à celle de l'Isle de Pemba, qu'il se faut donner de garde d'approcher trop de terre, de peur de passer entre ces Isles & la terre-ferme, à cause que ce passage est plein de basses & de rochers : mais passant plus en mer que les Isles de Pemba, il n'y a rien à craindre : & si on fait voile du costé d'Est de cette Isle, & à sa veuë, ce sera vn bon signe qu'on va vers le Cap Delgado en toute seureté.

7. Quand on court de la ligne au Cap Delgado, sans s'éloigner de la coste que de 20. lieuës, on apperçoit que la variation de l'aymant va en diminuant : car vis-à-vis de Oibo, à 10. lieuës ou enuiron en mer, il varie de 13. degrez Nord-Oüest ; à 15. lieuës ou enuiron à l'Est de l'Isle de Pemba, il varie de 11. degrez 45. minuttes : à la veuë de l'Isle de Zamzibar, on ne trouue que 11. degrez peu plus : & dix lieuës à l'Est de l'Isle de Monfia, qui est par les huit degrez de Latitude Sud, il Nordoüeste de 10. degrez 40. minuttes, & cette variation continuë jusques au Cap Delgado. Si en cette hauteur & parage vous trouuez que l'aymant varie de 12. à 13. degrez, c'est signe que vous estes prés de l'Isle d'Aro, & que vous passerez à la veuë des Isles de Comoro, si vous ne corrigez vostre route.

Diuerses variations.

8. Arriuant à la coste en la hauteur de 10. degrez, vous trouuerez qu'elle gist Sud-Est & Nord-Oüest, & vous verrez par endroits des lieux où il y à du sable au bord de la mer, & les terres basses le long de la mer ; mais dans le pays elles sont plus hautes : par endroits il y a des collines rondes : en la hauteur de neuf degrez 30. minuttes, vous découurirez vne grande ouuerture qui ressemble à l'emboucheure d'vne riuiere, & deux montagnes du costé du Nord-Oüest, qui semblent estre deux Islettes : quand on est deuant le Cap Delgado, qui est par les dix degrez & demy de Latitude Sud, on voit vne pointe de terre basse ; & quand on est vis-à-vis de cette pointe, on découure cinq Isles qui sont de suite, & tirent droit vers Querimba.

9. Deuant le Cap Delgado, les eaux courent au Sud-Oüest au commencement des vents d'Est, & à la fin de cette saison elles vont au contraire, & courent vers le Nord-Est, & c'est auec plus de force en pleine & nouuelle Lune. Il m'est arriué à la fin du mois de Ianuier, que la Lune estant pleine le vent me manqua à la veuë de l'Isle de Querimba, en estant éloigné du costé d'Est d'enuiron vne lieuë ; les eaux me porterent de ce lieu jusques à la veuë de l'Isle de Zamzibar, combien que j'eusse tousiours le Cap tourné vers le Sud-Oüest, & que i'eusse quelques bouffées de vent de Nord-Est pendant le iour ; car pour la nuit, il n'en faisoit point du tout : & me trouuant à la veuë de cette Isle de Zamzibar, il s'éleua vn grand vent de Nord-Est, par le moyen duquel ie surmontay la force des courans, & fus en 14. iours à Mosambique.

10. Dans vn autre voyage, comme j'allois à Goa, & que ie passois à la fin d'Aoust à la veuë de l'Isle de Querimba auec vn vent fort doux de Sud-Oüest, les courans me ramenerent vers Mosambique. Dans vn autre voyage que ie faisois allant à Goa, ie trouuay ces courans qui portent au Sud-Oüest; & vn vent de Nord-Est m'ayant contraint de louier 12. iours durant à la veuë des Isles de Querimba, ie me trouuay à la fin à Mosambique: c'est à quoy il faut veiller de prés, & prendre bien garde quel vent on a, & en quelle saison on est: & quand on aura bien consideré le tout, il sera facile de donner le vray déchet au Vaisseau suiuant le courant des eaux, & de connoistre de quel costé elles vont.

11. Si les courans, ou le vent contraire, ou le mauuais gouuernement, vous ont empesché de voir terre en la hauteur de 10. degrez, ou de 10. degrez & demy, donnez-vous de garde de la basse de S. Lazare, qui est en la hauteur de 12. degrez, & vous éloignez de la coste vers l'Est de 12. ou 15. lieuës: & encore que quelques Routiers rapportent que cette basse a par tout sept brasses d'eau, ie puis pourtant asseurer que venant de Mombaza en costoyant la terre & allant à Mosambique, ie passay sur cette basse, & trouuay le fonds auec vne perche longue de trois brasses: c'est pourquoy il sera bon de l'éuiter; car en l'année 1504. le Nauire de Pedro d'Ataïde s'y perdit en venant de Cochin, pour retourner en Portugal.

12. Ayant passé la hauteur de cette basse, qui est par les douze degrez, vous pouuez vous approcher de la coste; mais remarquez que si vous passez 35. lieuës à l'Est du Cap Delgado, il faut vous donner de garde de l'Isle de Iean Martins qui est presqu'en mesme hauteur que ce Cap, & éloignée de luy vers Est enuiron 35. lieuës; & toutesfois dans ma carte, il n'y a que 25. lieuës. Ie la vis bien distinctement l'an 1600. comme j'allois à Goa; parce qu'estant à la veuë de l'Isle de Comoro, le vent cessa, & les courans me porterent à la veuë de cette Isle; & ayant pris en ce lieu hauteur au Soleil, ie trouuay qu'elle est en Latitude de 10. degrez 20. minuttes; & le iour suiuant, ie découuris les Isles de Oibo & de Querimba, ainsi ie courus le long de ces Isles jusques au Cap Delgado, sans les perdre de veuë: c'est pourquoy ie maintiens que cette Isle de Iean Martins est veritablement dans ce parage, & que ceux qui disent qu'elle n'y est pas se trompent; elle est petite, basse, & couuerte d'arbres.

13. Quand vous verrez le Cap Delgado & les Isles de Quorimba, il ne vous faut pas approcher plus prés d'elles ny de la coste, que de quatre lieuës; parce qu'en cette distance tout est bien net, & il y a beaucoup de profondeur, tant le long des Isles que le long de la coste, laquelle est basse en cét endroit, & il ne fait pas bon s'en approcher de nuit en la hauteur de 10. à 11. degrez, à cause qu'elle est si basse qu'on ne la peut découurir qu'on ne soit dessus.

14. En costoyant la terre apres auoir passé les Isles de Querimba, on verra des pics ou pointes de rochers, les vnes hautes & les autres basses, qui ressemblent aux mulons de paille du champ de Santaren; on les nomme Picos Fragosos ou Pics de roche. Ils commencent à Sirao Capa qui est à 30. lieuës ou enuiron de Mosambique, & courent jusques à Pinda finissant à l'entrée de la barre de Pinda. A quelques trois lieuës en mer de cette barre, il y a vne basse fort dangereuse dont il se faut donner de garde.

15. Ayant passé ces pics & la basse de Pinda, il se faut approcher plus prés de la coste; & s'il est necessaire de moüiller l'Ancre depuis ce parage jusques à Mosambique, vous remarquerez qu'aux endroits où vous verrez du sable au riuage, il y en a aussi en mer, & que le fonds y est fort net, de sorte que vous y pouuez ancrer: mais aux endroits où vous verrez des pierres ou roches au riuage, asseurez-vous qu'il y en aura aussi en mer.

Quisemajugo est sur la costeprés de Mozambique vers le Nord.
* Porque a o mar he muito alcãtilado.

16. Au Sud-Oüest de Quisemajugo, on verra vne pointe de sable, sur laquelle sont des arbres ressemblans à de grands pins; & vn peu apres, il y a vne autre pointe vers le Sud, qui est vne terre basse: & passant outre vers le mesme costé, on trouue vn Port nommé le Port dos Velhacos; c'est à dire des meschans, qui est à six lieuës ou enuiron de Mosambique. Il y a dans ce Havre vne praye ou Greve fort spacieuse: on peut moüiller en ce lieu, pourueu que ce soit bien prés de terre* parce qu'en mer il y a grand fond.

* Praya.

17. Entre ce Port & Mosambique, il y a vne autre* plage où descend vn ruisseau qu'on appelle Quitangone; on y va de Mosambique charger de l'eau, parce qu'elle y est fort bonne: on y void beaucoup d'arbres, & entr'autres des Palmiers, & y a fort bon ancrage; parce que tout le fonds est net: que si on veut moüiller à Mosambique, il faut que ce soit au milieu de la barre, & vn peu plus prés de la Cabeceira que de l'Isle de Saint Iacques, à cause des vents qui regnent en cette saison.

18. Que si quelques vents contraires, ou les courans, ou quelque autre accident, vous ont empesché de voir la coste depuis les 10. degrez jusques à 13. & que vous trouuiez la variation de l'aymant de 13. degrez, c'est vn *a* signe que vous estes beaucoup à l'Est & prés de l'Isle de Comoro, & vous trouuerez en mer des *b* brins d'herbes entortillez, & d'autres choses faites comme des Cocos qu'on nomme Trefolis ou Truffles, beaucoup d'Alcatras gris, de Mangas de Veloudo, & quantité de branches de Sargasse. Quand vous verrez ces marques, prenez garde d'approcher trop de ces Isles & de celles d'Aro; & si vous en découurez quelqu'vne, mettez-vous sur le vent le plus que vous pourrez; car encore qu'il ne fut pas trop fauorable, neantmoins, comme les courans qui se rencontrent autour de ces Isles portent vers l'Oüest-Sud-Oüest, ils sont capables d'emmener le Nauire jusques à la coste de Mosambique; & pour cét effet, il vous faut tenir le vent le plus que vous pourrez, tournant la prouë sur le vent; & si l'aymant varioit *c* de 12. degrez, ce seroit vne marque que vous seriez au milieu du canal d'entre les Isles de Quorimba & celles de Comoro.

a Cette obseruation doit estre corrigée, cõme aussi toutes les autres, où on donne à cõnoistre le lieu où on est, par la quantité de la variation de l'aymãt, parce qu'elle a changé, & elle doit estre à present plus grande le long de la coste Oriẽtale d'Afrique, qu'elle n'estoit au temps d'Alexis de la Mothe.
b Canissos.
c Var. 12. d. NO.

19. De la barre de Mosambique, ou de sa hauteur, il faut gouuerner au Sud quart à l'Est *d* jusques à ce que l'on soit éloigné de la coste de quelques 18. lieuës, & alors on tourne au Sud; de façon que la route vaille Sud quart à l'Est, & qu'on aille passer entre l'Isle de S. Laurens & la basse de Iudia. Il sera bon d'auoir la veuë de l'Isle de S. Laurens par les 22. degrez, ou au delà vers le Sud; & par cette route, vous trouuerez les vents de Sud-Est auec de grandes pluyes, qui durent jusques en Fevrier: & lors que les pluyes cessent, le vent cesse aussi: c'est pourquoy il est bon de s'approcher de l'Isle, en se donnant garde de son prazel ou banc, & de l'anse de saint Vincent, qui est en la hauteur de 20. degrez & demy, allant tousiours le plomb à la main jusques à cette hauteur, sans s'approcher de l'Isle plus prés que 12. lieues ou enuiron à cause des courans, qui en ce parage tirent vers l'Isle, & portent dans les anses. Si vous trouuez que l'aiguille *e* varie 14. degrez & demy, vous serez en la vraye route: que si elle varie 14. degrez 45. minuttes, ou 15. degrez, vous aurez la veüe de la terre.

d Cette route est celle que marque l'aiguille, car la vraye seroit S.S.E.
e Ces obseruations de la variation doiuẽt estre corrigées, comme il a esté dit; car la variation doit estre beaucoup augmentée en ce parage.

20. Les signes qu'on trouue en allant vers cette Isle, sont quantité de brins ou rameaux de Sargasse en pelottons & en forme de queües de Renard, & beaucoup d'herbes *f* entrelacées; comme aussi des Cannes semblables à celles dont on tire le sucre, auec quantité d'œufs ou fray de poisson; & tant plus vous verrez de ces signes, tant plus prés serez-vous de l'Isle: on commence à voir tous ces signes quand on est à 25. lieües de l'Isle: on verra aussi des Garazines, des Estapagados, des Tinhosas, des Alcatras & des Mangas de Velludo. Tous ces signes ne se voyent point en si grande quantité en allant par le milieu du canal d'entre l'Isle & la basse de Iudia,

f Muitos canissos.

comme j'ay remarqué dans le Routier fait pour le voyage du Cap de Bonne-Esperance à Mosambique en l'art. 8. & aux suiuans : il faut auoir grand soin d'obseruer les auertissemens qui sont dans cét article.

21. Quand vous serez au dehors de l'Isle de S. Laurens, & en hauteur de 27. degrez, il faut gouuerner au Sud-Oüest, n'allant point par cette route en plus de hauteur vers le Sud, que de 31. degrez ; & estant en cette hauteur, il faut tourner à l'Oüest-Sud-Oüest pour passer à la veüe du Cap des Aiguilles, si vous estes au mois de Mars : & de là continuer le voyage, ainsi qu'il sera enseigné en suite du Routier, qui décrit le chemin de Goa ou de Cochin par le dehors de l'Isle de S. Laurens.

Voyage de Cochin au Cap de Bonne-Esperance par le Mozambique.

POur aller de Cochin en Portugal, & faire le voyage par Mosambique en passant entre la terre-ferme & l'Isle de S. Laurens, il ne faut point partir plus tard que le commencement de Ianuier : & au sortir de la barre de Cochin, il faut prendre sa route à l'Oüest quart du Nord-Oüest, de façon qu'on aille par les neuf degrez 45. minuttes de Latitude, droit au canal d'entre les Isles de Palipenem & de Melique, & qu'on passe entre ces Isles : & apres estre sorty de ce canal, il faut continuer sa route vers l'Oüest quart Nord-Oüest, & ne prendre point plus à l'Oüest, afin que la route vaille l'Oüest quart de Sud-Oüest, jusques à la hauteur de 6. à 5. degrez du costé du Nord.

2. Il sera fort à propos d'auoir la veuë de la coste d'Affrique, en la hauteur de 6. à 5. degrez Nord ; & tant que vous serez en la hauteur de cinq degrez Nord, vous deuez prendre garde de prés à vostre nauigation, suiuant les auis portez par le Routier precedent du voyage de Goa au Cap de Bonne-Esperance, quand on passe par la coste de Mosambique : & si vous auez la veuë de la coste en cette hauteur, il faut faire les routes selon que ce Routier vous enseigne.

3. Pour moy j'estime qu'on peut tenir cette route, encore qu'on soit plus auancé dans la saison, quand mesmes on ne partiroit de Cochin qu'à la fin de Ianuier, & qu'il est meilleur d'aller par la Deserte, & qu'on perdra moins de temps que si on partoit de Goa en cette mesme saison ; parce que le chemin est plus court par cette route, que lors qu'on part de Goa.

4. Ce qui rend ce voyage plus facile, est qu'apres auoir passé le canal d'entre les Isles de Melique & de Mamalé, les eaux portent à l'Oüest & à l'Oüest-Nord-Oüest, ce qui fait beaucoup auancer les Nauires ; & on n'a pas le mesme auantage quand on part de Goa, joint que dans ce temps & en ce mois les vents sont ordinairement Nord-Est & Est-Nord-Est, qui sont des vents propres pour faire le voyage.

Le Vice-Roy Dom Aleixo mit en question par ordre de Sa Majesté, si ce voyage se pouuoit faire ; surquoy on appella au Conseil tous les Pilottes qui se trouuerent alors à Lisbonne : mon auis fut, qu'il estoit bon de le faire suiuant la route que ie viens de décrire, Simon Castanho fut de ce mesme sentiment ; & s'il n'a point encore esté executé, c'est que depuis il n'est point party de Nauires de Cochin.

Voyage de Goa au Cap de Bonne-Esperance par le dehors de l'Isle de Saint Laurens, qui est la vieille route.

PArtant de Goa pour retourner en Portugal, & voulant faire le voyage par le dehors de S. Laurens, il faut partir au matin auec le vent *a* de terre, & gouuernant à l'Oüest-Nord-Oüest; & quand le Viraçao se fera sentir, il s'en faudra seruir le plus qu'on pourra iusqu'à ce qu'on soit à 40. lieuës ou enuiron de la coste, & qu'on trouue les vents de Nord-Nord-Est, auec lesquels on fait sa route vers Ouest jusques à ce qu'on soit Nord & Sud auec les basses de Achare Baneane, taschant de les éuiter; comme aussi celles de Padua qui sont fort dangereuses, à cause que la mer les couure, & qu'on ne les peut voir qu'on ne soit dessus.

a Terrenho est le vét de terre, qui en cette coste se fait sentir depuis minuit jusques à midy: & Viraçao est le vét de mer, qui cõmence à midy.

2. A quelque distance de ces basses, *b* on verra l'eau trouble & beaucoup de limon verd, auec quantité de petits poissons rouges par bandes, & vn grand nombre d'oiseaux: mais quand on est à l'Ouest de la basse d'Achare Baneane, on ne voit rien de cela.

b Se verra agoa amassada è muitos limos verdes è muito peixe meudo em Cardume vermelhos è muitos passaros.

3. Apres qu'on a passé cette basse d'Achare Baneane, il faut gouuerner au Sud-Sud-Ouest, & ne point prendre plus au Sud, donnant par estime au Vaisseau la mesme route que vous luy voyez faire, à cause que la variation de l'aiguille qui est *c* de 18. degrez Nord-Ouest, recompense le déchet que donnent les courans, lesquels portent vers Ouest-Nord-Ouest. Il faut gouuerner ainsi iusques à la hauteur de neuf degrez, & apres il faudra suiure la route qu'enseigne le Routier suiuant.

c Var. 18. d. NO.

Voyage de Cochin au Cap de Bonne-Esperance par la vieille route, sçauoir par le dehors de l'Isle de S. Laurens.

1. QVand on retourne de Cochin en Portugal, & qu'on veut passer par le dehors de l'Isle de S. Laurens, qui est la vieille route, il faut gouuerner de la barre de Cochin à l'Ouest-Nord-Ouest, iusqu'à ce qu'on soit enuiron à 30. lieuës de la coste; & estant à cette distance, il faut gouuerner à l'Ouest quart du Nord, en sorte qu'on passe par entre les Isles de Palipper & celle de Melic, se donnant garde des eaux qui courent au Sud-Ouest iusqu'à cette Isle.

Dás la carte il marque Calippe

2. Ayant passé ce canal, il faut aller par la hauteur de neuf degrez 45. minuttes, iusqu'à ce qu'on soit à quelques 30. lieues à l'Ouest de ces Isles, & de là il faut gouuerner au Sud-Sud-Ouest, & estimer le chemin du Nauire suiuant le lieu où il aura le Cap, à cause des eaux qui a la sortie de ce canal viennent de ces Isles & de celles des Maldiues, & courent à l'Ouest & à l'Ouest-Nord-Ouest à la sortie de ce petit canal, sçauoir du costé d'Ouest, l'aiguille Nordoueste de 18. à 19. degrez.

Var. 18. à 19. d. NO.

3. Il faut suiure cette route de Sud-Sud-Ouest, iusques par les 15. degrez de Latitude du costé du Sud, & on fera bonne route si on passe à l'Est des sept Irmas, de maniere qu'on aille par le milieu du canal d'entre ces Isles & la basse de Pedro dos Banhos, se donnant garde de l'Isle de Roque-Pires qui est en ce canal, & à la hauteur de six degrez, comme i'ay dit dans le quatriéme article du Routier du Cap de Bonne-Esperance à Cochin, quand on passe par le dehors de l'Isle de saint Laurens.

Sept Freres.

4. Les vents de ce parage iusques à la hauteur de cinq degrez du costé du Sud sont fauorables, sçauoir de Nord-Est & de Nord-Nord-Est, & de là en auant on trouue les vents d'Ouest-Nord-Ouest, & de Nord-Ouest, quelquefois auec grandes pluyes;

pluyes; & lors que vous trouuerez ces vents, il faut gouuerner depuis les quatre degrez au Sud quart-Oüest jusques à la hauteur de huit degrez, & de cette hauteur il faut gouuerner au Sud-quart-Est jusques par les 12. degrez.

5. De la hauteur de 10. degrez Sud iusques à 12. degrez, on trouue des calmes, encore qu'il arriue par fois & en quelques années qu'il y ait des vents Oüest-Nord-Oüest & de Nord-Oüest iusques par les 15. degrez : & depuis la ligne iusques à cette hauteur, en faisant la route que ie viens de dire, on trouuera que l'aymant varie de 20. degrez & de 20. & demy degrez ; & quand on a cette variation, c'est vne marque qu'on tient la vraye route : toutesfois il ne la faut pas dresser sur cette variation lors qu'on court sur la carte, à cause des courans qui par tout cette route portent à l'Oüest-Nord-Oüest, principalement si on a des calmes, ou que le vent soit foible ; car il faut prendre garde à tout, & recompenser vne chose par l'autre ; & ainsi quand on a de grands vents, il faut auoir quelque égard à la variation de l'aiguille ; parce que le vent estant grand, il empesche que les courans n'emportent le Vaisseau, comme ils feroient s'il estoit foible ; & en donnant le déchet au Vaisseau, il faut considerer son fillage, la force du vent & des courans, & la grandeur de la variation ; & si on balance bien toutes ces choses, on pourra prendre la vraye route.

6. Or pour éuiter les basses des Chagas & de Pedro Dos Bannos, & des Garayos, lors que vous serez par la hauteur de quatre degrez du costé du Sud, il faut gouuerner au Sud-Oüest-quart de Sud iusqu'à ce que vous soyez par les sept degrez, & de cette hauteur il faut gouuerner au Sud-Sud-Est & au Sud-Est quart de Sud, iusques par les 12. degrez ; & en faisant cette route, vous éuiterez ces basses & passerez au vent d'elles, & par le milieu du canal d'entre ces basses, & c'est la veritable route qu'on doit tenir. Il faut bien prendre garde à cét auis, & à celuy de l'article precedent, auec lequel on corrige la route qui est enseignée en l'article quatriéme de ce voyage-cy.

Il paroist icy quelque difficulté, car il enseigne vne route pour éuiter les basses dont elle parle, differentes de celles des art precedens ; & neanmoins, il est necessaire de les éuiter. Il faut dõc entendre qu'õ les éuitera aussi par la route precedente ; si on a les vẽs de N. O. & de O. N. O. mais s'il n'enviennét pas, il faut faire la route comme en ce 6. art.

7. Quand on a passé les douze degrez, on trouue pour l'ordinaire des vents Sud-Est, & ce sont les plus frequens dans ce voyage, iusqu'à ce qu'on soit à l'Isle de saint Laurens : quand on rencontre ces vents, il faut aller au Lof le plus qu'on pourra jusqu'à ce qu'on ait passé les basses des Garayos, & se donnant garde de l'Isle de Brandoa qui est toute entourée de bancs : il ne faut point passer de nuit en sa hauteur, si ce n'est en faisant bon quart, & faisant monter au soir à Soleil couchant sur les Matereaux, pour voir si on découurira quelque chose en mer, & ne faire pas plus de chemin la nuit que vous en aurez découuert, & apres il faut mettre le Nauire de costé iusqu'au lendemain matin.

8. Cela se doit pratiquer toutesfois & quantes qu'on approche de quelque Isle & basse, & qu'on passe par leurs hauteurs dans ce parage, où il faut tousiours nauiger auec la mesme vigilance, faisant la sentinelle sur les Matereaux : & il ne se faut point trop fier aux cartes, parce qu'elles ne montrent pas au vray en quel lieu sont les basses & les Isles, ny comme elles gisent l'vne à l'égard de l'autre en ce parage : c'est pourquoy il ne s'en faut rapporter qu'à sa veuë, par la bonne garde qu'on fait & au bon gouuernement.

9. Voicy les signes qu'on trouue en toute cette route. Quand on passe prés des sept Irmaos ou sept Freres, qui sont en la hauteur de 4. degrez Sud, on void grande quantité de Sargasses amassées ensemble ; & si on passe loin de cette Isle & basse, on ne rencontrera que quelques petites branches de cette herbe : on y void aussi beaucoup de Garasines, de Garayos, d'Alcatras gris, de Rabos Forcados, & de Tinosos : mais le principal signe qu'on puisse auoir quand on est prés des basses des Garayos & en sa hauteur, est que les eaux portent dessus, & qu'à 20. lieuës à l'Est de ces basses l'aiguille Nord-Oüest de 21. deg. 30. m. & à 20. lieuës à l'Oüest de 19. d 30. m. var. 21 d. 6

¶¶¶¶¶

10. Quand on passe ces basses des Garayos & l'Isle de Brandoa, il faut gouuerner de façon qu'on puisse voir l'Isle de Diego-Roys qui est fort saine, & qui est bien marquée dans les cartes : elle a seulement vne chaisne de rochers, qui est prés de terre du costé de l'Oüest. Cette Isle n'est pas bien haute, & à sa veuë on trouue 20. degrez de variation Nord-Oüest, & à l'Est d'elle 22. degrez 30. minuttes.

Var. 20. d. & 22. d. & demy NO.

11. De la veuë de cette Isle, ou de sa hauteur, & en estant à l'Est, il faut prendre sa route au Sud-Oüest-quart-Oüest; de maniere que quand vous serez Nord & Sud auec l'extremité de l'Isle de S. Laurens, vous en soyez éloigné de quelques 80. lieuës. Dans la route de cette Isle de Diego-Roys, à la teste ou pointe de l'Isle S. Laurens, il faut donner le déchet en courant sur la carte, de la variation toute entiere.

Var. 18. d. NO.

12. En ce lieu au Sud de S. Laurens, la variation est de 18. degrez, & de là il faut faire vostre route de telle façon jusqu'à ce que vous soyez Nord & Sud auec les basses de Iudia : & soyez auerty qu'il arriue souuent en ce parage, que les eaux courent au Sud-Oüest de ce lieu; au Sud des basses de Iudia, il faut gouuerner en sorte que la route vaille Ouest-Sud-Ouest iusqu'à ce que vous soyez Nord & Sud auec le milieu de la baye de la Lagoa, il sera bon que vous soyez alors à quelques 35. lieuës de terre.

13. Entre ce parage & le Cap de Bonne Esperance, on est souuent contraint de plier les voiles à cause des vents contraires de Nord-Ouest, d'Ouest, & de Sud-Ouest, qui viennent auec grande impetuosité, & causent souuent des tourmentes : c'est pourquoy j'estime qu'il faut nauiger en sorte, qu'on soit tousiours éloigné de terre de 35. lieuës, & qu'en cas de besoin on n'en approche pas plus prés que de 25. où de 20. lieuës tout au plus; afin que s'il vient des vents de Nord-Ouest, on nauige auec les grandes voiles seulement vers Sud-Ouest; & si le vent vient à tournoyer à l'Ouest & au Sud-Ouest, on cingle vers la bande du Nord jusqu'à ce qu'on soit à 20. lieuës de la coste, & que pendant le temps que ces vents dureront on puisse louier sur vn bord, & puis sur l'autre, & qu'on ne plie iamais toutes ses voiles; parce que cela seroit cause que les grandes vagues & les balancemens du Vaisseau le pourroient faire ouurir, au lieu que les voiles le font tenir tout droit : & comme les Caraques reuiennent chargées iusques aux Chasteaux, ces balancemens font entr'ouurir les jointures & liaisons, & cela a esté cause que quelques Vaisseaux se sont perdus; & ceux qui en réchappent reuiennent si fracassez, qu'ils ne sont plus propres à faire voyage.

14. Cela m'est arriué quelquesfois pour auoir suiuy les auis du Routier des anciens Pilotes, dans trois voyages que j'ay fait en qualité de Pilote, dans lesquels lors que ie party de bonne heure, ie vis la terre à 33. degrez 40. minuttes, & à 34. degrez : mais à vn autre voyage que ie partis tard, j'en eus la veuë à 32. degrez 30. minuttes, & j'ay tousiours trouué la mer fort grosse estant à la veuë de la coste; & alors les vents de Nord-Ouest, d'Ouest & Sud-Ouest estans suruenus, ie n'auois pas si-tost plié les voiles, que les grands balancemens me contraignoient de retourner en arriere, & de presenter la poupe aux vagues, & ainsi ie perdois le chemin que i'auois fait : & j'employay vne fois 48. iours pour aller de la baye de la Lagoa, au Cap de Bonne-Esperance, & mon Vaisseau fut mis en desordre à la veuë de terre : & dans vn autre voyage ayant eu tousiours la veuë de la coste, depuis la terre de Natal jusques au Cap de Bonne-Esperance, ie fus cinquante iours à faire ce chemin : & vne autrefois du Cap de Talhado, ie ne pûs aller au Cap de Bonne-Esperance qu'en 35. iours : c'est pourquoy ie laissay ces vieux Routiers, & me gouuernay de là en auant comme ie vais dire.

15. Quand ie me fus mis à 80. lieuës Nord & Sud de la teste de S. Laurens en passant vers le Sud, ie fis ma route vers Oüest jusqu'à ce que ie fusse Nord & Sud des basses de Iudia, & de là j'allay vers Oüest-Sud-Oüest iusques à estre Nord & Sud

auec le milieu de la baye de la Lagoa ; & passant à 35. lieuës d'elle en mer afin de me pouuoir seruir du vent, ie fis ma route à Oüest-quart-Sud, me tenant éloigné de la coste de quelques 30. lieuës.

16. Et quand le vent deuint contraire, j'allay tousiours courant mes bordées auec la grande voile, comme j'ay dit en l'article 13. & n'en fis déplayer que cinq brasses : & afin de ne rien perdre, ie faisois mettre la Bonnette quand le vent estoit bon, & l'ostois quand il estoit contraire : ie me seruois aussi de la grande voile du masteau ou mast d'avant ; & auec ces deux voiles troussées jusques à my mast, j'allois louiant quand i'auois le vent contraire : & nauigeant ainsi, iamais il ne m'est arriué d'auoir de si grands balancemens, & mon Vaisseau ne se tourmentoit point tant, que lors que j'auois plié toutes mes voiles, parce qu'auec les voiles on souffre mieux les vagues ; & aussi parce qu'estant éloigné de la coste de 30 lieuës, la mer n'est pas si enflée qu'elle l'est à la veuë de terre, & ainsi ie n'estois point exposé à receuoir des grands coups de vagues sur la poupe de mõ Vaisseau, ny obligé à rebrousser chemin & retourner d'où j'estois party ; au cõtraire, ie trouuay que le Vaisseau se soustenoit mieux sous le vent ; & j'employay bien moins de temps dans trois autres voyages que ie fis seruant de Pilote pour passer de la baye de la Lagoa au Cap de Bonne-Esperance & pour le doubler, que ie n'auois fait aux trois premiers, ausquels ie me seruois des Routiers des anciens Pilotes que ie ne suiuray iamais en ce parage ; mais ie me gouuerneray tousiours ainsi que ie viens de dire, & comme l'experience m'a monstré qu'il falloit faire.

17. On trouuera par cette route que ie conseille de suiure, depuis la baye de la Lagoa iusques au Cap de Bonne-Esperance, en allant par la hauteur de 35. degrez 45. minutes, & par 36. degrez 20. minuttes, que les eaux courent au Sud auec grande vistesse, & principalement lors que les vents viennent de l'Oüest ; & tant plus le vent est grand, plus les eaux courent au Sud-Oüest : de façon que les Nauires qui passeront la baye de la Lagoa pour aller au prazel ou banc des Aiguilles, ne peuuent manquer en quelque-temps que ce soit de doubler le Cap de Bonne-Esperance, auec l'ayde de DIEV, en louiant ; parce que les courans en cét endroit portent les Nauires vers le Cap.

18. Quand on est éloigné d'enuiron 25. lieuës Nord & Sud de la baye de la Lagoa, on trouue cinq degrez de variation Nord-Oüest : & si depuis ce parage on est soigneux de marquer chaque iour la variation, on connoistra aisément quand on sera vis-à-vis du Cap de Bonne-Esperance ; soit qu'on aille en louiant, ou qu'on ait bon vent ; parce qu'à 25. lieuës ou enuiron vers le Sud de l'aiguade S. Bras, l'aiguille varie de trois degrez & demy Nord-Oüest ; & en pareille distance de la baye de S. Sebastien, de deux degrez seulement ; & sur le prazel ou banc des Aiguilles, en 36. degrez de hauteur, elle est fixe, & de là au Cap de Bonne-Esperance elle commence à Nordester ; car estant hors la veuë du Cap-Falço & vers le Sud, elle Nordeste de 40. minuttes & 25. lieuës ou enuiron au Sud du Cap de Bonne-Esperance, d'vn degré 20. minuttes : & par cette variation, l'on pourra connoistre à combien on est de ce Cap, & quand on l'aura passé ; car lors qu'on trouue deux degrez de variation Nord-Est, on peut s'asseurer d'auoir passé le Cap encore qu'on ne l'ait point veu.

Il n'est pas besoin en ce temps-ci d'auoir tant de variatiõ N. E. pour iuger qu'on a passé le Cap ; parce qu'on a obserué depuis que l'aiguille est fixe à

19. De plus, dans ce parage depuis l'aiguade de S. Bras jusques au Cap des Aiguilles, on pourra connoistre si on approche de son prazel ou banc, en jettant souuent la sonde : car si vous estes au Sud de l'Agoada de S. Bras, vous ne trouuerez point de fonds, si ce n'est à veuë de terre, & à huit lieuës ou enuiron où le fonds est de vase ; & de cét endroit approchant plus de la terre, vous trouuerez 70. & 80. brasses d'eau fonds de coquillage auec de gros sable, & Brugalao ou Caracols.

20. Mais allant de cette Agoada ou prazel des Aiguilles, on trouuera le fond à 70.

l'Oüest de la baye de Sa'daigne, qui est plus Occidentale que le Cap de B.E. où par consequent la variation est vers N.O.

& à 65. brasses sans voir la terre, allant par les 35. degrez 40. minuttes de Latitud & le fonds ne sera que de sable menu grisastre; mais au prazel, le fonds est de m nu sable blanc; & du Prazel au Cap-Falço, il est de menu sable noir, & en quelqu endroits est mélé de vase: & outre cela, on trouuera les signes dont il a esté par dans le Routier de Lisbonne aux Indes Orientales, aux art. 30. 31 32.

21. Si on n'est point trop hors la coste de la baye de la Lagoa allant au Cap des A guilles, & qu'en sondant par les 36. degrez on trouue le fonds à 70. & 80. brass sable menu, ce sera vn signe que vous serez sur le prazel des Aiguilles, & vo n'aurez aucune variation, & de ce lieu il faudra gouuerner par l'Oüest iusqu'à que vous soyez à 20. lieuës du Cap de Bonne-Esperance vers Oüest: & vous co noistrez que vous estes en cette distance par la variation de l'aymant qui est prés deux degrez Nord-Est en cét endroit.

22. Et si vous auiez esté louiant entre le Cap des Aiguilles & celuy de Bonn Esperance, & que le vent eust esté Nord-Oüest, il faudroit courir sur le Sud-Oüe iusqu'à ce que vous fussiez à 35. lieuës de sa coste, & comme le vent viendra à tou noyer & à se faire Oüest-Sud-Oüest & Sud-Oüest, il faudra tourner & courir su le Nord-Oüest; car par ce moyen vous doublerez le Cap de Bonne-Esperanc Estant en cette distance de sa coste, on ne trouue point d'abry dans tout ce parag contre le vent de Nord-Oüest, ny contre celuy d'Oüest; c'est pourquoy il vau mieux estre en mer que proche de la coste: & cét auis est dautant plus asseuré, qu' tant prés de la terre tous ces vents ne peuuent seruir à moins qu'ils passent du Su au Sud-Est; & si le vent de Sud vient à s'éleuer, la mer s'enfle de telle sorte, qu si vous estes prés de la coste, vous serez en grand danger d'estre jetté dessus, & ne sera pas sans beaucoup de peine que vous vous en pourrez éloigner. Toutes ce considerations me font juger qu'il est plus seur de se tenir à la distance de 30. ou 3 lieuës de la coste dans tout ce parage, depuis l'Agoada de S. Bras iusques au Cap d Bonne-Esperance, que de la courir à la veuë: & quand on sera passé le Cap de Bon ne-Esperance, on tiendra la route qui suit.

Voyage du Cap de Bonne-Esperance à Lisbonne, par l'Isle d Sainte Helene.

1. SI l'on a passé à la veuë du Cap de Bonne-Esperance, il faut auant que de l perdre de veuë gouuerner au Nord-Oüest, rabatant la variation de l'ayman en courant sur la carte; & si l'on veut aborder à l'Isle de sainte Helene, on gouuer nera tousiours au Nord-Ouest iusqu'à ce qu'on soit dans sa hauteur, qui est de seiz degrez Sud. Mais si on passe le Cap de Bonne-Esperance sans le voir, quand o trouuera que l'aymant Nordeste de deux degrez, il faudra gouuerner trois iour durant au Nord-Ouest-quart au Nord, & puis au Nord-Ouest le reste du chemi iusqu'à la hauteur de 16. degrez Sud.

2. Estant en cette hauteur de 16. degrez, il faut gouuerner vne partie du temps l'Ouest, & autant à l'Ouest-quart-Sud, pour faire que la route vaille l'Ouest ius qu'à ce qu'on voye l'Isle de sainte Helene: à 30. lieuës ou enuiron à l'Est de cette Isle l'aymant varie de sept degrez & demy Nord-Est, & dans son port 8. degrez pe plus; & faisant cette route, vous irez droit à cette Isle. Dés cette distance de trent lieuës à l'Est de l'Isle, on commence à voir des oyseaux nommez Garazines & Tynosos.

Var. 7. d. & demy N. E.

3. Si vous découurez l'Isle à telle heure que vous ne puissiez pas y aller moüille de iour, ne laissez pas de vous en approcher; & quand vous en serez à quelqu

trois lieuës, pliez vos voiles, & ne laissez que la grande jusqu'au lendemain mat, in prenant garde de donner sur l'Isle; car vous l'apperceurez tousiours en estant à cette distance, parce qu'elle est fort haute & montagneuse; sa coste est aussi fort nette toute autour; il y a grand fond & bon par tout, en sorte que tout contre les roches il y a dix brasses d'eau.

4. Le Port où les Nauires moüillent, est dans la face de l'Isle qui gist à peu prés Nord-Est & Sud-Oüest, & dans cette face est l'Hermitage ou Chappelle de sainte Helene, deuant laquelle il faut moüiller sur 12. brasses d'eau. Lors que vous voudrez entrer dans ce Port, ayez grand soin de bien goüuerner, parce qu'il vient des bouffées de vent de diuers costez par les entre-deux des montagnes, qui quelquesfois sont fauorables & quelquesfois contraires.

5. On void cette Isle d'enuiron 15. lieuës loin en mer: il semble que ce soit 2. petites Isles, & cette apparence est causée par 2. montagnes, l'vne desquelles est au milieu de l'Isle, & l'autre se nomme Sparauel. Dás la pente de ces montagnes sont trois vallées qui descendent vers le lieu où on moüille, par lesquelles descendent des torrens; dans la troisiéme est le ruisseau qui passe prés de la Chappelle de sainte Helene où on se fournit d'eau; & c'est là où est l'Hermitage, qui est vne petite maison Cette Isle est petite, & n'a pas plus de six lieuës de tour, & deux ou trois de large; elle a quatre faces qui la font quarrée.

6. Lors que vous voudrez moüiller l'Ancre, il faudra taster le fonds auec la sonde, pour voir s'il est net; car depuis que les Anglois & les Hollandois sont venus en cette Isle, ils y ont perdu plusieurs Ancres; & si on vient à moüiller en ces lieux, les cables se coupent. Cela m'est arriué dans le Vaisseau nommé le IESVS; car ayant moüillé sur vn Ancre perdu, mon Vaisseau toucha le fond, & cela fut cause qu'il me fallut aller à la baye de tous les Saints. Prenez donc garde de ne point moüiller qu'apres auoir bien consideré le fonds, & que ce soit entre le Moro ou Tertre, qui est entre le lieu où on auoit accoustumé autrefois de faire aiguade, & celuy où on l'a fait à present, qui est joignant la Chappelle, afin d'estre mieux à l'abry des trauades ou bouffées de vents qui viennent des vallées d'où coulent les eaux de la vieille aiguade, & celles qui coulent prés de la Chappelle.

7. En partant de cette Isle pour aller à Lisbonne, il faut gouuerner Nord-Oüest peu plus au Nord, jusques à ce qu'on en soit à 80. lieuës, & de là il faut gouuerner au Nord-Oüest-quart-à-l'Oüest jusqu'à ce qu'on découure l'Isle de l'Ascension, qui gist Sud-Est & Nord-Oüest auec l'Isle de sainte Helene: & de la veuë de l'Isle de l'Ascension ou de sa hauteur, il faut gouuerner au Nord-Oüest-quart-Oüest jusques à quatre degrez de Latitude Sud, & de là au Nord-Oüest peu plus au Nord, en sorte qu'on passe 40. lieuës à l'Est du Tenedo ou Rocher de S. Pierre, & de là il faut suiure le voyage ainsi qu'il est enseigné par le Routier suiuant, qui conduit d'Angola à Lisbonne au troisiéme art. & aux suiuans.

Voyage du Cap de Bonne-Esperance à Lisbonne, par la coste d'Angola.

1. SI en passant le Cap de Bonne-Esperance vous auiez manque de viures ou de quelque-autre chose qui vous obligeast d'aller à Angola, il y a ordre du Roy de le faire Or pour y aller, dés que vous sçaurez estre vingt lieuës à l'Ouest du Cap de Bonne-Esperance, soit pour auoir veu la terre, ou par la variation, il faut cingler au Nord-Nord-Ouest iusques par les 23. degrez Sud, & de là gouuerner au Nord iusques à 16. degrez; & par cette route vous aurez la veuë du Cap-Negro, ou

de la terre d'autour ; & vous deuez éuiter ſoigneuſement les baſſes les & bancs de la coſte qui eſt proche de ce Cap.

Il faut qu'il entẽde qu'il n'eſt pas à propos de coſtoyer la terre depuis le Cap Negro à cauſe des courãs ; mais d'en approcher ſeulement à 13. degrez ou plus au Nord ; car le Cap Negro eſtant par les 16. à 17. d. quand on cõtinuëroit à cingler à la veuë de la coſte, on y ſeroit auſſi à la hauteur de 13. degr.

2. I'eſtime que le plus aſſeuré eſt, de tâcher à voir la terre en quelque endroit, depuis les 13. degrez Sud & plus au Nord, pour ne ſe point laiſſer abbatre dans l'anſe du Cap-Negro, & auſſi pour accourcir le voyage vers Angola. I'ay fait ce voyage du Cap de Bonne-Eſperance à Angola, dans le Nauire l'Oliuier, où ie fus à la veuë du Cap Negro ; & allant de ce Cap à l'Angra de Negro, ie trouuay de grands calmes & des courans qui m'empeſcherent de paſſer outre. Mais à vn autre voyage que ie fis dans vn Nauire nommé le Cap, ie fus à la veuë de terre par les 13. degrez, & ie ne trouuay point tant de courans depuis ce parage allant vers le Cap Ledo, & ie fus à Angola en bien moins de temps dans ce Vaiſſeau, que ie n'auois eſté dans le Nauire Oliuier.

3. Les ſignes qu'on a entre le Cap de Bonne-Eſperance & celuy de Negro, ſont des Trombes, des Gayuotonnez ou Mauuettes, des Alcatras, des Mangas de Velludo & de petits Corbeaux ; & à la hauteur de 20. degrez vers le 19. on void la mer fort verdaſtre, & paroiſt vn peu trouble cõme s'il n'y auoit pas beaucoup de fonds. I'ay trouué cette ſorte d'eau en la hauteur de 25. degrez ; & ayant jetté la ſonde, ie ne trouuay point de fonds. Ie vis auſſi en ce parage beaucoup de Mangas, de Corbeaux, & des Mauuettes ſur l'eau, & j'en rencontray touſiours iuſqu'à la veuë de terre. La cauſe pourquoy on trouue cette eau ſi auant en mer, eſt qu'en cette hauteur il y a vn banc auec vn grand courant, & on ne paſſera iamais par cette hauteur faiſant la route que ie viens de dire, qu'on ne rencontre ces ſignes : dans cette route

Variations.

du Cap de Bonne-Eſperance au Cap Negro, l'aymant change fort lentement ſa variation : car à la veuë du Cap de Bonne-Eſperance, il ne varie que d'vn degré 20. minutes Nord-Eſt ; & à la veuë du Cap Negro de trois degrez ; c'eſt pourquoy on n'a pas beaucoup d'égard à cette variation.

4. Les vents qui regnent ordinairement en ce parage au mois d'Auril & de May, ſont ceux de Sud-Eſt & de Sud-Sud-Eſt, & plus tard en Iuin & Iuillet ; ceux de Sud-Oueſt & Oueſt-Sud-Oueſt juſqu'au Cap Negro ; & paſsé ce Cap ſi on eſt prés de la coſte, on aura des vents de terre ou briſes. Apres qu'on a paſsé le Cap Negro, ſi on en a eu la veuë, il faut faire ſa route au Nord-Eſt pour découurir la terre en la hauteur de 13. degrez tendant vers les 12. & tant plus on approche du Cap Ledo, tant moins on rencontre de calmes.

5. Dans la ſaiſon dont nous venons de parler, les eaux courent du Cap Negro vers l'Oüeſt-Nord Oüeſt & le Nord-Oüeſt ; & eſtant à quatre lieuës ou enuiron de la coſte, vous trouuerez qu'elles courẽt tantoſt vers le Nord & tantoſt vers le Sud, comme les marées. Il eſt bon de ſe tenir éloigné de la coſte enuiron cinq lieuës, ſi on eſt dans vn grand Nauire ; mais dans vn petit, on peut aller le long de la coſte, & approcher d'vne lieuë & encore plus prés ; & quand le vent deuiendra trop eſchars & peu fauorable, on peut moüiller ſur 25. braſſes ; le fonds eſt par endroits de vaſe molle, & end'autres de ſable & de coquillage : tout le long de cette coſte il n'y a rien à craindre, parce qu'elle eſt nette par tout, & l'on y trouue beaucoup de poiſſon.

6. En la hauteur de 11. degrez 45. minuttes, eſt Angra de Negro ; & vn peu au de là, on void des Dunes eſcarpées ſur leſquelles la mer rompt beaucoup, & de la derniere pointe de ces rochers ſemble la pointe des Caſſilhas de Liſbonne ; & au de là de cette pointe eſt Angra, où il y a vne riuiere qui entre en mer, & que j'ay veuë : la terre de ce parage eſt verte, & paroiſt fraiſche couuerte d'arbres : on y va d'Angola pour traiter des Coquilles, qui ſont ſemblables à de petites coquilles qu'on appelle Zimbo.

7. Depuis les 13. degrez en allant vers le Morre ou Terre de Bengale, la coſte

gistNord-Nord Est & Sud-Sud-Oüest, & cette terre de Bengale ressemble au Cap de Spichel : il est escarpé du costé de la mer & de ce morre ou tertre, la coste s'estend vers le Nord Oüest jusqu'au Cap Ledo, & à my-chemin de ces deux Caps il y a vne grande anse ou baye qui est en la hauteur de dix degrez 30. minuttes.

8. A l'entrée de cette anse du costé du Sud, il y a vne pointe qui paroist comme si c'estoit la fin de la coste : mais quand on est vis-à-vis de cette pointe, on découure deux autres pointes, & l'anse paroist toute entiere : ces terres sont basses par le milieu, on y void comme deux boccages qui paroissent de loin comme deux Islets : apres qu'on a passé cette anse, on trouue le Cap Ledo où les terres de la coste sont plus basses & plus égales : il y a des lombades ou terres hautes & basses, sur lesquelles on void des arbres; & au bord de la mer il y a des sables.

9. Le Cap Ledo est vn Tertre qui n'est pas beaucoup éleué, il ressemble à vne Citadelle, & il y a vne anse qui donne entrée dans le Pays, mais son emboucheure est bien estroite, & passé ce Cap, la coste court au Nord Nord-Est, les terres y sont basses, & en quelques endroits ce sont des Dunes blanches auec quelques arbres, & cette coste finit à Angra de Palmerinas : & quand on a passé ce lieu, on void des veines rouges & la terre platte & raze le long de la mer, auec des sables, jusques à la barre de Corrimba qui est basse, & a vne chaine de rochers qui auance bien demy lieuë en mer.

10. Si-tost que vous aurez passé cette barre de Corrimba continuant vostre chemin vers Angola, il faut approcher de l'Isle de Loanda jusqu'à ce que vous ayez fonds de 20. brasses; & allant sur cette profondeur, vous passerez à la portée d'vn faulconneau de cette Isle qui est fort raze : vous la connoistrez si-tost que vous serez sur son * sable; parce que vous découurirez toute à l'heure la mer qui est de l'autre costé : cette Isle de sable prend son commencement à l'entrée de la barre de Corrimba; & elle a enuiron sept lieues de longueur, & va jusqu'à l'entrée de la barre d'Angola : cette Isle est fort estroite, & n'a pas plus de demie lieüe en sa plus grande largeur.

* C'est à dire sur son fonds qui est de sable.

11. En allant le long de cette Isle à la distance d'vne portée de faulconneau, quand vous serez arriué à la derniere pointe qui est du costé de Nord-Est, vous pouuez aller auec asseurance sur 15. brasses, parce que tout y est fort net; comme aussi tout le long de l'Isle, & depuis cette pointe jusqu'à la barre d'Angola; il faut moüiller l'Ancre deuant vn Tertre rouge, qu'on appelle le Tertre de Langousse au milieu de la baye sur 15. brasses, & le lendemain on peut aller auec les vents de terre amarer au lieu accoustumé où sont les Vaisseaux Marchands, vis-à-vis d'vne maison qui est dans l'Isle, où on assemble les Négres qu'on enuoye aux Indes & au Brezil. En cette Isle on trouue de fort bonne eau, dans des trous qu'on fait dans le sable; elle est meilleure quand la marée est haute.

Voyage d'Angola à Lisbonne.

1. PArtant d'Angola à Lisbonne lors que vous serez en mer hors de l'Isle de Loanda, il faut gouuerner à l'Oüest & à l'Oüest-Sud-Oüest jusques à ce que vous ayez perdu la terre de veuë, & vous en éloigner autant que le vent le pourra permettre; & quand vous en serez à 30. lieuës, vous aurez incontinent les vents de Sud & de Sud-Sud Est, auec lesquels vous pourrez aller à l'Oüest : & pendant que vous serez encore proche de terre, prenez garde aux courans qui portent au Nord-Oüest.

2. Quand vous aurez rencontré les vents generaux de Sud-Sud-Est, il faut gouuerner à l'Oüest de façon que vous passiez enuiron à 20. lieues au Nord de l'Isle de

l'Ascension : & pour sçauoir si vous en passez au Nord, il faut obseruer la variation de l'aymant, qui dans le port d'Angola est de quatre degrez Nord-Est vn peu plus, & n'augmente en ce parage que fort lentement ; & si vous trouuez qu'en la hauteur de six degrez & demy Sud, l'aymant Nordeste de 7. degrez, vous serez au Nord de l'Isle de l'Ascension ; & en ce parage vous verrez beaucoup d'Alcatras nâgeans sur l'eau, de Rabos Forcados, de Tinosos, de Garayos, & de Garazines par troupes ; & lors que vous ne verrez plus tous ces oyseaux, vous aurez passé l'Isle de l'Ascension.

3. Ayant passé cette Isle de l'Ascension, il faut gouuerner au Nord-Oüest-quart-Oüest iusques par les quatre degrez Sud, & de là gouuerner au Nord-Oüest de maniere que vous passiez enuiron 40. lieues à l'Est du Tenedo ou Rocher de saint Pierre : & quand vous aurez passé la hauteur de ce Tenedo ou Rocher, vous gouuernerez au Nord-Nord-Oüest iusqu'à ce que vous trouuiez les trauades ou tourbillons * de la coste de Guinée.

* Les François les nõment grains de vent.

4. Ces trauades & pluyes durent iusqu'à la fin de May, & elles continuent iusques par les six degrez Nord ; & depuis cette hauteur tirant vers le Nord, & dans le mesme mois de May, on trouue les vents generaux qui soufflent de Nord-Est & de Nord-Nord-Est, quelquesfois plus contraires & autrefois plus propices : que si on se trouue sous cette hauteur dans les mois de Iuin, Iuillet, & Aoust, qui est bien tard, on aura des trauades iusques par les 14. & 15. degrez Nord, & on ne trouuera point les vents generaux qu'en cette hauteur & plus au Nord.

5. Et lors que vous trouuerez les vents Sud-Oüest & Oüest-Sud-Oüest par les six degrez Nord, il faut gouuerner au Nord-Nord-Oüest & au Nord-quart-Nord-Oüest, de peur que suruenant quelque vent vn peu contraire, vous ne vous engagiez pas trop à l'Oüest dans la mer de Sargasse : car tant plus vous tiendrez de l'Est, tant plus vous accourcirez vostre voyage : & ne craignez pas d'approcher trop de la Guinée par cette route ; parce qu'en la faisant vous ne vous en approcherez pas plus que quand vous y passez allant vers les Indes, & vous en serez tousiours à plus de 150. lieues, & ne passerez point plus prés que cela des basses de sainte Anne : de là vous retirerez cét auantage, que vous n'aurez point tant de trauades ny de pluyes : & il n'est plus mention, dans ce parage, de la Guinée, quand on en est à cette distance.

6. Mais allant auec les vents generaux, & estant en la hauteur de 17. degrez, si l'aiguille Nordeste de six degrez, vous estes dãs la vraye route : & parce qu'en suiuant cette route qui conduit à la mer de Sargasse, on ne trouue pas les vents bien propres, il est bon d'aller au Lof, & de tenir le vent le plus qu'on pourra ; & si vous trouuez en la hauteur de 30. degrez que l'aymant Nordeste de 4. à 5. degrez, vous aurez bien nauigé, & ne vous aurez point laissé trop aller à l'Oüest ; & tant que vous soyez à la veuë des Isles des Assores, l'aiguille variera tousiours vers le Nord-Est.

7. Mais si l'aiguille Nordeste d'vn ou de deux degrez en la hauteur de trente degrez, vous serez trop à l'Ouest ; & si le vent ne deuient plus fauorable pour vous mettre plus à l'Est, l'aiguille deuiendra fixe, quand vous serez par les trente-quatre ou trente-cinq degrez, & alors vous seriez à l'Ouest-Sud-Ouest enuiron 200. lieues de l'Isle de Flores : & de ce parage, si vous allez plus à l'Ouest, vous aurez la variation Nord-Ouest : & de ce point & distance, où il n'y a aucune variation, l'aiguille Nordeste tousiours iusques à la veuë de l'Isle de Flores, où elle varie de prés de trois degrez 30. minuttes.

Var. o. o.

8. Quelques Routiers disent que si on trouue que par les trente-deux degrez de Latitude Nord l'aymant soit fixe, on aura l'Isle de Fayal au Nord-Est, & quelque peu plus à l'Est ; & que de ce lieu gouuernant par ce Rumb, l'on trouuera tousiours l'aymant

Ces Routiers peuuẽt estre veritables, encore

l'aymant fixe iusqu'à cette Isle de Fayal : ce que i'ay trouué faux, parce que l'aiguille Nordeste de 4. degrez à la veüe de Fayal ; & allant du point où i'ay trouué l'aiguille fixe vers cette Isle, i'ay tousiours obserué que la variation estoit Nord-Est par quelque Rumb que i'aye nauigé.

que la variation ne se trouue plus à present comme elle estoit alors.

9. Cette erreur prouient, comme il me semble, de ce que quelques Pilotes ont voulu obseruer au Soleil la variation de l'aymant, auec des Boussolles qui n'auoient point le bord de leur boiste gradué en 360. degrez ; mais seulement en quarts, demy-quarts & seiziémes, & que depuis la ligne Equinoxiale jusques à l'Isle de Flores, & au lieu où l'aymant est fixe, il y a fort peu de variation, & principalement lors qu'on auance beaucoup vers Oüest ; & deuant que d'arriuer au point où l'aymant est fixe, on trouue qu'elle varie de 2. degrez ou d'vn, ou d'vn demy seulement, à mesure qu'on approche de ce point : ce qui est si peu de chose, & se fait en si peu d'espace, qu'on ne le peut connoistre qu'auec des boussolles qui soient graduées & diuisées de degré en degré.

10. Les compas dont on se seruoit au temps passé, auoient encore vn autre defaut auec celuy de n'estre point graduez : c'est qu'ils estoient fort petits & sans pinulles, ny autre chose par où on pust regarder le Soleil lors qu'il se leuoit ou se couchoit ; & il est bien difficile de connoistre à vn degré ou demy degré prés, en obseruant la variation de l'aymant auec des boussolles où les degrés ne sont point marquez : & c'est ce qui a fait dire à quelques Pilottes, qu'ils ont obserué le Soleil en tels parages auec ces boussolles, & qu'ils ont trouué l'aymant fixe en la hauteur de 30. degrez, & que de cette hauteur & de ce point où ils ont trouué l'aiguille fixe, ils ont cõtinué de l'auoir fixe jusqu'à l'Isle de Fayal, nauigeant au Nord-Est : ce qui est faux, comme l'experience le pourra faire connoistre à tout Pilote qui aura la curiosité de la faire, & qui aura la pratique de prendre la variation de la boussolle.

11. Estant par les 38. degrez de Latitude, il se faut donner de garde d'vne basse qui est en cette hauteur, ainsi que j'en ay esté auerty par le Pilote d'vne Carauelle qui la remarqua bien distinctement de nuit ; elle gist Nord & Sud, & est fort petite, & assez prés d'elle il trouua 12. à 15. brasses d'eau fonds de gros sable, elle a autour de soy quelques petits bancs de sable blanc qu'on prendroit pour des voiles : cette basse est fort dangereuse de nuit ; c'est pourquoy lors que vous arriuerez en sa hauteur, si vous estes beaucoup à l'Oüest, vous vous en donnerez de garde, ne faisant point voile de nuit jusqu'au matin.

12. Si vous voulez passer par entre les Isles des Assores, ou aborder quelque port, car le Roy le permet, il se faut mettre par les 39. degrez 15. minuttes de Latitude, il sera bon d'auoir connoissance de l'Isle de Flores ou de Fayal ; & lors que vous serez proche de ces Isles, vous trouuerez des calmes, & vous verrez des Gayuotoens ou Mauuettes qui ont les pieds rouges, des Garayos qui ont la teste noire, des Estapagados, & quantité de bouteilles sur l'eau : & quand vous en serez plus prés, vous verrez des Garazines toutes blanches. A la veuë de l'Isle de Flores il y a 3. degrez 30. minuttes de variation Nord-Est, & à la veuë de Fayal il y en a quatre.

var. 3. d. 30. m. NE.

13. Et estant en cette hauteur de 39. degrez 15. minuttes, on peut aller vers ces Isles, & passer entre celles de S. Georges & de la Gracieuse, & la seule veuë de ces Isles montre comme il faut gouuerner pour aborder la terre ; son port est du costé du Sud-Est. Il faut costoyer l'Isle du costé d'Oüest, se donnant garde de sa pointe qui est presque Sud-Est & Nord-Oüest auec l'Isle de la Gracieuse ; car il y a vne pierre platte & basse enuiron vne lieuë en mer, laquelle on n'apperçoit point, si ce n'est de beau temps ; car alors on void la mer sans vagues pardessus. Ayant passé cette pointe, on découurira le morre ou tertre nommé le Brezil : alors il se faut approcher de l'Isle ; car il n'y a rien à craindre, tout y estant bien sain & net, & il y a bon fonds : la forteresse est sur ce morre ou tertre, & l'ancrage est tout deuant la

Il faut entendre l'Isle saint Georges.

Var. 4. d. N. E. Ville. En ce lieu l'aymant varie de quatre degrez au Nord-Est.

14. Partant de cette Isle au mois de Iuin & Iuillet pour aller à Lisbonne, il faut courir par les quatre degrez de hauteur, gouuernant le premier iour que vous sortez de cette Isle au Nord-Est, pour éuiter vne basse qui est à l'Est-Nord-Est de cette Isle; & apres qu'on l'a passée, il faut gouuerner tousiours par la mesme hauteur, & encore que vous trouuiez dans cette trauerse des vents de Sud & de Sud-Oüest, il ne faut pas laisser de continuer vostre route en la mesme hauteur : car lors que vous serez à cent lieuës de la coste, vous trouuerez les vents de Nord & de Nord-Nord-Est, qui regnent ordinairement en ce parage jusques à la fin de Septembre & au commencement d'Octobre.

15. Que si vous arriuez à ces Isles sur le tard, comme vers le mois de Septembre, il faut cingler par les 38. degrez & demy ou 39. de Latitude; parce qu'à la fin de Septembre les vents de Sud & de Sud-Oüest sont en regne; & si de cette Isle de la Tersere vous ne pouuez passer au Nord de l'Isle de S. Michel, il faut ranger la coste du Sud, & en approcher le plus prés que vous pourrez, pour vous détourner des basses qui se nomment les Fourmis, qui sont au Nord de l'Isle de sainte Marie, & presque Nord & Sud auec la pointe de l'Isle de S. Michel du costé de l'Est. I'ay passé par cét endroit auec quatre Caraques des Indes.

16. Si vous allez à la barre de Lisbonne à la fin de Septembre ou plus tard, il faut aller par les 38. degrez 30. minuttes, ou 39. degrez sans prendre plus au Nord: les signes de cette route sont ceux-cy. On void en mer quand on est proche de la Co-
Seua riola, comme de la * graisse ou suif, l'aymant varie à la veüe de la Roca ou Citadelle, de huit degrez Nord-Est; & à la veüe de Dezines en Latitude de 38. de-
Var. 8. d. N. E. grez, elle varie de sept degrez 30. minuttes, & sept degrez 40. minuttes.

17. Le Roy ayant fait commandement de ne point aller aux Isles des Assores, à cause des Corsaires qui y sont continuellement, ou autour, il faut gouuerner en sorte qu'on passe à 40. lieües à l'Oüest de l'Isle de Flores, cinglant par la hauteur de 41. à 42. degrez, jusqu'à ce qu'on juge auoir passé ces Isles, & qu'on en soit à quelques cent lieües à l'Est: & de ce parage vous irez droit vers la barre de Lisbonne selon le vent; & considerant si la saison est trop auancée ou non, & quels vents y regnent, vous y pourrez arriuer auec asseurance.

18. Ie conseillerois à tous Pilottes, que si-tost que leur Nauire aura passé la Rocca, & sera entré plus auant au dedans, qu'il ne passe point Nostre-Dame Guia sans prendre vn Pilotte de Havre; & pour les faire venir des Cascaïs, où ils se retirent d'ordinaire, il faut tirer par plusieurs fois quelque volée de canon; & en les attendant, mettre le Nauire de trauers; & auant que d'estre à la veüe de terre, il faut tenir toutes les Ancres prestes & les cables aussi, pour obuier aux accidens; il vaut mieux entrer par le costé d'Alcacere dans cette barre, que par celuy de S. Iean, & y apporter tous les soins necessaires, n'ayant pour toutes voiles en approchant de la barre, que celuy de Mizane ou du Bourset, & pliant la grande voile deuant que de moüiller l'Ancre; & dés que les Pilotes seront venus, ne vous mélez plus de la conduite du Vaisseau jusqu'à ce que vous soyez à l'Ancre deuant le Fort & le Magazin des Indes.

ROVTIER

Pour le voyage de Lisbonne à Malacca en la saison d'Octobre, afin d'y arriuer en Auril; qui est le temps auquel les vents d'Ouest regnent en la coste de l'Inde.

Ce Routier de Lisbonne à Malacca, & de Malacca à Lisbonne, s'est trouué à la fin du Routier d'Alexis de la Mote.

1. PArtant en la saison du mois d'Octobre de Lisbonne, pour aller à Malacca, il faut suiure la route qui est marquée dans le Routier pour le voyage de Lisbonne au Cap de Bonne-Esperance, en la saison de Mars: comme aussi celle du Cap de Bonne-Esperance à Mozambique, & obseruer tous les auertissemens qui y sont donnez.

2. Quand on est à la veuë de la forteresse de Mozambique, ou en sa hauteur, il faut gouuerner au Nord-Est en sorte qu'on puisse auoir la veuë de la grande Isle de Comoro; & l'ayant découuerte, il s'en faut éloigner d'enuiron 18. lieuës vers le Nord, & de là gouuerner au Nord-Est-quart-Nord, de façon que la route vaille le Nord-Nord-Est jusques à estre par les 4. degrez Sud, ou peu moins, & que vous soyez Sud-Est & Nord-Oüest auec la pointe de la basse de Patrao, & au Nord-Oüest d'elle enuiron 35. lieuës; & de ce parage il faut gouuerner en sorte que la route vaille Est-Nord-Est jusqu'à ce que vous soyez dans le canal des Isles de Mamale, qui est en la hauteur de 9. degrez 45. minutes.

3. En passant par ce canal des Isles de Mamale, faites vostre possible pour voir l'Isle de Cubello, ou de Meli que, ou de Palipene; d'où il faut gouuerner de sorte que la route vaille le Sud-Est jusqu'à 4. degrez de Latitude Nord: & lors que vous serez en cette hauteur, il sera bon que vous soyez Nord & Sud auec la pointe de Galle de l'Isle de Ceïlan, & vers le Sud enuiron 45. lieuës.

4. Pour aller de cette hauteur & parage au canal des Isles de Nicubar, qui sont par les 7. degrez 30. minutes Latitude Nord, il faut gouuerner en sorte que vostre route vaille l'Est-quart-Nord pendant la moitié de ce chemin: & dans l'autre moitié qui reste, il faut que la route vaille l'Est-Nord-Est: & de cette façon, on aura la veuë de ces Isles, & on passera par leur canal, qui est à 7. degrez 30. minutes; & pour connoistre ces Isles & ce canal, il faut voir ce qui en est remarqué dans le 18. article cy-dessous.

5. Ayant passé les Isles de Nicubar, il faut cingler vers Pulobutum ou Pulopera: Nicubar & Pulobutum gisent Est peu au Sud, & Oüest vn peu au Nord, & de l'vn à l'autre il y a 90. lieuës.

6. Pulobutum est par les 6. degrez 45. minutes de Latitude; & voicy comme vous connoistrez cette Isle. Lors que vous viendrez à la mer, vous découurirez vers l'Est vne haute terre ronde qui est basse prés de la mer, & il y a trois Isles fort petites qui sont tout proches l'vne de l'autre; & du costé du Nord il y a huict Islettes, & quatre du costé du Sud: & dans le canal qui est entre la grande Isle & celle qui est vers la mer, il y a vne autre Isle du costé du Sud-Est, où on trouue de fort bonne eau qui est prés d'vne pointe basse.

7. Pulopera est vne petite Isle ronde, sur laquelle il y a des arbres: elle est par les 5. degrez 40. minutes de Latitude, & gist auec l'Isle de Nicubar Est-quart-Sud & Oüest-quart-Nord, & il y a cent lieuës de l'vne à l'autre.

8. De Pulopera à Pulopinao il y a 15. lieuës, Pulopinao est par les 5. degrez 15. minutes de Latitude quelque peu plus: sa longueur est de cinq lieuës, & s'estend le long de la coste: elle est haute par le milieu, a vn morro ou tertre rond à sa pointe qui

regarde le Nord ; & deuant le milieu de sa longueur est vn Islet : rangeant sa coste, on trouuera qu'elle fait vne anse ou baye moyennement grande, qui a son riuage de sable ; & au cap qui ferme cette anse, il y a vn Islet dans lequel on peut faire aiguade, la pointe de cette Isle est raze & platte.

9. Pulopinao gist auec Pulosambillao Nord & Sud ; de Pulopinao sort vn prazel ou banc qui continuë jusques à la pointe d'vne terre haute qui est tout proche de Brauas ; ce prazel s'auance deux lieuës en mer ; il a cinq brasses d'eau à son entrée : mais plus prés de terre, il y a plus de fonds qui est de vaze : lors que la pointe de cette haute terre vous demeurera à l'Est-quart-Nord, vous verrez Pulosambillao ; & allant le long de la terre, vous apperceurez que c'est vne Isle : de Pulopinao à Pulosambillao il y a 22. lieuës.

Brauas est vne Ville en terre-ferme au Nord de Malacca.

Allant vers le Sud.

10. A quelques 7. lieuës de l'Isle de Pulosambillao vers la mer, est l'Isle de Iarra, qui est en 4. degrez de Latitude peu moins : elle est petite, ronde, & couuerte d'arbres : elle a de l'eau douce du costé de Sud-Est, mais peu ; dans la plus grande des quatre Isles de Pulosambillao, qui sont le plus prés de terre, on y en trouue quantité ; & par le milieu de cette Isle du costé du Nord, il y a vn morro ou tertre ; de part & d'autre duquel est vne Praya ou Greve de sable, où il y a de fort bonne eau : il y en a aussi dans les trois autres Isles. On peut passer par entre ces Isles sans crainte, parce qu'on y trouue 25. & 28. brasses d'eau.

11. Pour passer par le grand canal, il faut gouuerner au Sud quart à l'Est, & aller vers les Isles de Daru qui sont à la coste de Sumatra : ce sont cinq bancs couuerts d'arbres.

12. Quand vous serez vis-à-vis de ces Isles, il faut gouuerner au Sud-Est-quart-Est, & à l'Est-Sud-Est, & vous irez par 10. ou 12. brasses vers Puloparcelar, qui est vne haute montagne qu'on prend de loin pour vne Isle : elle est dans vne terre fort basse & platte qu'on ne peut voir qu'en estant tout proche.

13. Si on veut passer par le canal qui est prés de la terre, il faut gouuerner de Pulosambillao le long de la coste à la distance d'vne lieuë : & lors que vous serez vis-à-vis des Islets qui sont à la coste, vous verrez Puloparcelar, & il vous faudra éloigner de terre, & gouuerner au Sud-Est jusques au Cap Raschado : or trois lieuës auant que d'y arriuer, il y a vne basse à vne demie lieuë de terre : c'est pourquoy en ce parage, il ne faut point approcher de la coste plus prés d'vne lieuë.

14. Entre Puloparcelar & le Cap Raschado, la coste est fort basse & vnie, couuerte d'arbres le long de la mer ; elle gist Sud-Est peu plus à l'Est, & Nord-Oüest peu plus à l'Oüest ; il y a de l'vn à l'autre 12. lieuës. Le Cap Raschado est en deux degrez 30. minutes peu plus, & de là à Malacca il y a sept lieuës : la coste court depuis ce Cap jusqu'à Malacca Est-Sud-Est : quand vous serez à my-chemin de ce Cap à Malacca, il faudra tirer droit aux Isles, qui sont demy lieue au de là de Malacca prés de terre, où est l'Isle de Pedra qui est petite & raze : il s'en faut éloigner de quelque demie lieue, parce qu'elle a vne batture du costé du Sud. Malacca est en deux degrez peu plus de Latitude Nord, & l'ancrage où moüillent les Nauires, est deuant la Ville, il faut moüiller sur cinq brasses & demie de basse mer, de façon que l'Isle das Naos vous demeure à l'Est, la forteresse au Nord-Est & l'Isle de Pedra à l'Ouest Nord-Ouest.

15. Vous deuez sçauoir que partant de Lisbonne au mois d'Octobre, il faut prendre peine d'arriuer dans la fin du mois d'Auril en lat. de 4. degrez au Sud de la pointe de Galle qui est en l'Isle de Seilan ; parce que dans le mois de May, les vents de Sud commencent en ce parage ; & ils sont quelquesfois si impetueux, qu'on est obligé de leur tourner la poupe, & de relascher, ainsi qu'il est arriué en plusieurs embarquemens où on a esté contraint de retourner & se sauuer à Goa : mais apres que la premiere furie est passée, le vent s'appaise & deuient plus doux & plus propre à

faire la route qui est icy enseignée pour arriuer à Malacca en cette saison.

16. Il faut aussi estre auerty que depuis les quatre degrez de Latitude iusques aux Isles de Nicubar, il faut auoir beaucoup d'égard à la variation de l'aymant pour tenir la vraye route, comme aussi aux courans, qui portent dans les anses de Bengala dans le temps que regnent les vents d'Oüest, & auec les vents d'Est ils vont de ces anses en dehors vers la pleine mer : de maniere qu'estant à 20. ou 30. lieuës des Isles de Nicubar, on trouue de si grands *courans qu'on s'imagine estre sur quelque basse ; c'est pourquoy il faut de necessité y auoir égard.

* Rilheros.

17. Si vous vous trouuez par les six degrez 30. minutes de Latitude, vous pourrez passer par vn canal qui est entre ces Isles, il a vne lieuë & demie de large, & 12. ou 13. brasses d'eau, & il n'y a rien à craindre ny à se garder que de ce qu'on void ; & à la fin de ce canal joignant l'Isle qui est du costé du Nord, il y a vn Islet & la pointe de l'Isle la plus au Sud de ce canal, est en six degrez 15. minutes.

18. Pour connoistre le canal des Isles de Nicubar qui est par les sept degrez 30. minutes, il faut sçauoir qu'à son entrée il y a quatre Islets, trois desquels sont à demie lieuë de l'Isle : ceux-là sont grands & haut éleuez, l'autre est petit : à quelques trois lieuës de l'Isle, il y a vn autre grand Islet qui est rond & fort plat, qui ressemble à Lezira ; & regardant cét Islet vers le Nord, on découure vne autre Isle qui est par les huit degrez ; & à l'entrée de cette Isle, on void vne lombade ou terre haute & basse, & à l'autre bout elle est platte comme vne raze campagne.

19. Quand vous serez au milieu de ce canal qui est par les six degrez 30. minutes, vous verrez vne autre Isle assez* proche comme celle dont j'ay parlé, qui est en la hauteur de 8. degrez, & de l'vne à l'autre il y a 2. lieuës ; elle est pareillement raze : & des Isles de Nicubar à celle-là, il y a 7. lieuës. Il n'y a rien à craindre aux enuirons de ces Isles, ny rien à éuiter que ce qu'on void ; & à la fin de ce canal il y a vn morro ou terre rond, au pied duquel est vn Islet. Il faut prendre garde de ne point passer par le Sud des Isles de Nicubar, à cause de celles d'Achen, & il faut faire tous ses efforts de passer par les canaux dont j'ay* parlé, encore qu'on puisse aussi passer par les huict degrez 30. minutes.

* Pegada.

* Sçauoir par celuy de 6. d. & demy ou de 7. d. & demy.

Voyage de Lisbonne à Malacca, en la saison de Feurier & de Mars.

1. Si vous partez de Lisbonne pour aller à Malacca à la fin de Feurier ou au commencement de Mars, il faut suiure le Routier qui est pour le mois d'Octobre, jusques à estre Nord & Sud auec la pointe de Galle : d'où il faut gouuerner comme pour aller par le canal des Isles de Nicubar, qui est par les 7. degrez 30. minutes, & ne prendre point plus au Sud : & si-tost que vous aurez passé ce canal, il faut faire vostre possible pour gagner la coste de Malacca le plustost que vous pourrez, ne vous fiant point à quelque bon vent que vous puissiez auoir ; parce que vous ne manquerez iamais d'auoir des vents d'Est dans la saison où vous serez : mais si vous estes à la coste, vous pouuez aller à Malacca auec ce mesme vent, vous donnant tousiours de garde de la coste de Sumatra ; ce qui se doit entendre au moussom de Decembre.

2. Quand vous serez arriué à la coste, vous ne trouuerez point de fond si ce n'est quand vous serez à Pulobuton & dans le reste du chemin, ou que vous ne soyez fort proche de terre. A vne lieuë ou deux de Pulobuton vers la mer, on trouue fond à 60. brasses jusqu'à 40. & de là en auant il faut gouuerner de sorte que vous ayez toûjours fond ; afin que si le vent deuient contraire, vous puissiez moüiller par tout, &

Viracoen. vous ne manquerez pas de trouuer des vents de terre & des * brises, par le moyen desquels vous irez à Malacca.

Terreino est le vent de terre qui soufle toûjours en Esté depuis minuit iusques à midy, il est doux & agreable, & vient du costé de terre, sçauoir de l'Est, mais ne s'étend que 10. l. en mer: & incontinent apres midy commencent à soufler les vents de mer qui viennent d'Oüest, & se nommét Virassoun. Linscot ch. 34. parlant de la coste d'Inde.

3. Si-tost que vous découurirez les Islets de Darum, il vous en faut approcher jusqu'à ce que vous soyez à vne lieuë & demye ou enuiron du plus grand vers la mer, & que vous l'ayez au Sud-Oüest, & alors vous gouuernerez au Sud-Est quart à l'Est iusqu'à ce que vous ayez 14. ou 15. brasses; & quand vous serez en cette profondeur, il faut faire route à l'Est-Sud-Est vers Puloparcelar, & prendre tousiours garde si la mer monte ou se retire, & faire vostre route suiuant la marée, faisant en sorte que vous n'approchiez pas plus d'vn costé que de l'autre, & ayant tousiours le plomb en main, faisant vostre possible d'aller continuellement par fonds de vaze ou de menu sable noir: & si vous trouuez le fonds de sable blanc & tres-menu, il n'y a point encore de danger, & vous y pouuez aller; parce qu'il s'en trouue bien souuent de cette sorte dans ce canal, & incontinent apres vous retrouuerez du sable noir & de la vaze; & quand vous suiurez ce fond, vous aurez 14. 15. 16. ou 17. brasses d'eau, & jusques à 20. mais le meilleur est d'estre par 14. ou 15. brasses; vous pouuez suiure vostre route tant que vous ne trouuerez point de gros sable & de coquillage, où vous n'aurez que huit brasses & moins; car alors vous passeriez par dessus vn banc où la profondeur est inégale, on y trouue 8. 9. jusques à 10. brasses; & vous n'aurez pas si-tost jetté la sonde 3. ou 4. fois, que vous ne le reconnoissiez; & tout à l'heure, vous rentrerez dans le fonds de vaze ou de sable blanc ou noir; il n'importe lequel des deux, pourueu qu'il soit menu, & il n'y a point de risque: mais lors que vous trouuerez fonds de coquillage ou de gros sable, donnez-vous de garde.

4. Quand vous apperceurez Puloparcelar, & qu'il vous demeurera à l'Est ou à l'Est-quart-Nord, vous auez fait bonne route: alors il faut faire vostre possible pour vous en approcher; & en estant à vne lieuë & demie vers la mer & vers le rumb que j'ay dit, vous estes comme il faut.

5. De Puloparcelar à Malacca, il faut gouuerner de sorte que vous n'approchiez point de la coste de plus d'vne lieuë ou deux, de façon que vous ne soyez point si prés de terre que vous ayez moins de 16. brasses de fonds, & que vous n'alliez point tant vers la mer que vous ayez plus de 25. brasses; il est bon d'aller depuis les 18. jusques à 25. brasses; & parce qu'en allant de Puloparcelar au Cap Raschado, il y a vne basse fort dangereuse à 6. ou 7. lieuës vers le Sud, il y faut bien prendre garde; & auant que d'arriuer au Cap Raschado en estant à demie lieuë ou enuiron, on trouue vne longue * chaîne de rochers qui s'estend en mer vne grande demie lieuë; il s'en faut détourner: car en cét endroit le Nauire de Dom Georges toucha, & il luy fallut couper ses masts pour en sortir.

* Restinga, ou bature.

6. Il faut passer du Cap de Reschado enuiron vne lieuë & demie en mer en allant à Malacca, & suiure le fond qui est cy-deuant dit; or vous deuez sçauoir qu'entre ce fonds & Malacca à quelques 4. lieuës, il y a deux pierres qui s'auancent vne lieuë en mer, qu'on appelle *tanque del Rey*, ou l'Estang du Roy, il faut faire sa route en telle sorte qu'on éuite toutes ces mauuaises rencontres, estant soigneux de jetter souuent la sonde. Il faut sçauoir aussi qu'il y a de grands courans; mais vous reconnoistrez assez par la sonde ce que vous aurez à faire: & si le Pilote ne sçauoit pas bien le chemin pour aller à Malacca, ie serois d'auis qu'il ne nauigeast point de nuit par ce parage; & en cas qu'il le veüille faire, il doit sonder continuellement pour demeurer sur le mesme fonds que nous auons dit, ayant tousiours les Ancres prests pour moüiller s'il en estoit besoin, & le bout du cable amaré au pied du grand mast; & ie donne cét auis, parce que plusieurs Nauires ont perdu leurs Ancres & leurs cables en ce parage, à cause des grands courans, faute de les auoir bien amarez au mast; & en passant par les basses, il se faut tousiours tenir sur 15. iusques à 18. brasses.

Routier de Malacca à Lisbonne.

1. IL faut partir de Malacca au mois de Decembre dans le temps des vents d'Est, & voguer le long de la coste, s'en tenant éloigné d'enuiron vne lieuë & demie, & ayant tousiours la veuë des pieds des Palmiers jusqu'à Puloparcelar, & par toute cette route vous trouuerez fonds de 16. 17. 20. & 25. brasses, & quelquesfois de 14. il ne faut pas aller ny plus vers la mer, ny plus prés de terre, mais suiure ce fonds. A quelques trois lieuës de Malacca, il y a deux ou trois roches plattes qui s'auancent vne bonne lieuë en mer tout deuant o Tanque del Rey ou l'Estang du Roy; & estant à l'anse du Cap Raschado, on s'éloigne en mer d'enuiron vne lieuë & demie, & on ne passe point plus du costé du Sud-Est que de celuy de Nord-Est, & c'est là le principal canal pour aller à Puloparcelar.

2. Quand vous serez vis-à-vis de Puloparcelar, & que vous voudrez passer les basses, il faut que vous vous en teniez éloigné de 2. ou 3. lieuës, parce qu'aupres il y a vn banc de sable qui auance en mer enuiron demie lieuë; & passant ainsi à 2. ou 3. lieuës de ces basses pour les trauerser, il faut que vous ayez Puloparcelar vers Est s'il est haute mer, & à l'Est-Nord-Est de basse marée: c'est pourquoy vous deuez bien prendre garde à la marée, & en tenir compte pour vostre route, & ne vous y pas tromper. Vostre cours doit estre Nord-Oüest en ce parage, & vous deuez vous gouuerner suiuant la marée autant d'vn costé que de l'autre, & tousiours auec grand soin; & en cas que vous voyez Puloparcelar, il sera bon qu'il vous demeure à l'Est-quart-Sud; & quand vous serez au milieu du canal des Islets de Daru, si Pulo parcelar vous demeure d'vn demy rumb plus à l'Est que l'Est-quart-Sud, vous estes en bonne route.

Il veut dire que le flot allant d'vn costé, & l'Ebbe de l'autre, il faut auoir égard à ces courans, en donnant le déchet à la route.

3. Arriuant à Puloparcelar, il est bon que vous en soyez à 2. lieuës Est-Nord-Est & Oüest-Sud-Oüest; & quand vous serez proche des Islets de Aru, il vaut mieux qu'il vous demeure à l'Est-quart-Sud, sçauoir quand vous serez à la veuë de ces Islets, & il faut continuer vostre route le long du grand Islet de Aru, vous en tenant éloigné d'vne lieuë ou deux, tout est fort net & bien profond le long de ces Islets.

Ou de Daru, c'est la même chose, & ces Islets sont proches de la coste de Sumatra, suiuant les cartes.

4. Il faut aller par ce canal sur 13. 14. 15. & 16. brasses; que si vous en trouuez quelquesfois 10. ou 12. cela ne durera que le temps de jetter la sonde 2. ou 3. fois; & si le fond est de menu sable noir, ou de vase, vous faites bonne route, & vous retrouuerez incontinent apres 12. 13. & 14. brasses; & tant que vous irez comme cela, vous irez bien, encore que vous trouuiez quelquefois du sable blanc & menu; mais si vous veniez à trouuer du gros sable, & du coquillage, vous ne seriez plus dans le canal, & il faudra retourner en tastant de tous costez auec la sonde.

5. Vous deuez sçauoir que trauersant de Puloparcelar vers les Islets de Aru, il faut que Puloparcelar vous demeure à l'Est jusques à my-chemin; & de là continuant vers les Islets, il vous doit demeurer à l'Est-quart-Sud; & à l'Est-Sud-Est, quand vous serez prés de ces Islets: obseruant cela vous irez par la vraye route, & vous vous guarantirez des basses.

6. Si vous passez ces basses de nuit, il faut auoir bien remarqué de iour la balize qui est dessus; & selon le vent que vous aurez, prendre garde à la marée, de peur qu'elle ne vous trompe & qu'elle ne vous iette de costé ou d'autre, vous tirant du canal; parce que la marée y court auec grande vistesse, tant lors qu'elle vient que lors qu'elle s'en retourne, & faites voile selon le vent, & jettez continuellement la sonde pour vous asseurer du fond.

7. Lors que l'Isle de Aru vous demeurera au Sud-Oüest enuiron deux lieuës, il

faut tirer vers Pulosambillao, & gouuerner de telle façon que vous ne vous en éloigniez pas, & que vous ne vous approchiez pas de la coste de Sumatra ; car au contraire, vous vous en deuez tenir prés, il n'y a rien à craindre ; & il faut gouuerner ainsi à cause des vents de terre : prés des Islets de Aru, le fond est de 40. iusques à 50. brasses ; & passant de Aru à Pulosambillao, on trouue 27. brasses jusques à 40.

8. Des Islets de Pulosambillao à Pulopinao, il faut gouuerner le long de la terre sans s'en éloigner, prenant garde pourtant de ne pas donner dessus ; comme aussi à vn banc qui est vis-à-vis de Brauas, entre Pulopinao & Pulosambillao. Il faut aller la sonde en main par tout ce parage, & en sorte que vous ne vous auanciez pas tant en mer que vous ayez plus de 30. brasses de fond ; parce qu'on trouue par fois les vents generaux de Nord Est & de Nord-Nord-Est qui viennent de terre, & sont tantost plus fauorables, & d'autresfois quelque peu contraires ; & se tenant prés de la terre-ferme, on continuëra son voyage sans courir risque de la coste de Sumatra, & vous ferez vostre route le long de la terre jusques auprés de * Pulosambillao.

* Ie doute qu'il ne faille Pulopinao au lieu de Pulosãbillao.

9. Lors que vous serez vis-à-vis de Pulopinao ou auprés, si vous trouuez les vents qui regnent d'ordinaire en cette saison, vous aurez beaucoup de peine à doubler ou passer au dessous* du vent de Pulopera, & il faut tascher de le faire ; parce que c'est la meilleure route que vous puissiez tenir : mais si le vent estoit tel que vous peussiez passer à la veuë de Pulobuton, ce seroit encore mieux ; parce que delà vous pourriez aller droit au canal qui est par les sept degrez & demy, en l'Isle de Nicubar : mais si vous trouuez le vent de Moussom dont j'ay parlé, encore que vous soyez bien en arriere, il ne faut point perdre de temps ; parce que dans le commencement on a les vents eschars, c'est à dire vn peu contraires : mais apres ils viennent plus fauorables à mesure qu'on s'éloigne de la terre, & de là vous irez au canal qui est par les sept degrez & demy.

* à Balrauento.

10. Quand on va par les Isles de Nicubar pour passer par leur canal, il faut faire la route de l'Oüest par la hauteur de sept degrez 30. minuttes, & non pas plus au Sud : & ces Isles estant passées, il faut faire en sorte que vostre route vaille le Sud-Oüest jusques par les 14. degrez du costé du Sud, ou peu moins : or quand vous serez hors des Isles de Nicubar, vous trouuerez les vents de Nord & de Nord-Est, & les eaux courent auec ces vents vers le Sud ; & s'il fait grand vent, c'est auec grande impetuosité, mais elles vont plus lentement quand il est foible.

11. De cette hauteur de 14. degrez Sud, il faut gouuerner au Sud-Oüest, afin que vostre route vaille Oüest-Sud-Oüest ; parce que les eaux en cette hauteur courent vers l'Oüest-Nord-Oüest, & que l'aymant Nordoüeste vn quart & demy & plus, à quoy il faut auoir égard, obseruant soigneusement la variation & les courans, & il faut prendre telle route qu'elle vaille tousiours l'Oüest-Sud-Oüest jusques à la veuë de l'Isle de Diego-Roys, ou à sa hauteur, & puis poursuiure le voyage ainsi que l'enseigne le Routier qui conduit de Cochin au Cap de Bonne-Esperance par le dehors de l'Isle de S. Laurens, obseruant tous les auertissemens qui y sont contenus.

Remarques d'Aleixo da Mota sur les Isles, Bancs, Basses, Caps & Riuieres, dont il a parlé dans les Routiers precedens.

LA basse de S. Lazare, qui est à l'Est des Isles de Querimba, a sept brasses d'eau, suiuant quelques Routiers: Pour moy, j'ay trouué que cela n'est pas, ainsi que ie l'ay rapporté dans l'art. 11. du Routier qui conduit de Goa au Cap de Bonne-Esperance par Moçambique, sçauoir quand on passe entre la terre-ferme & l'Isle de saint Laurens.

Cette basse fut découuerte par Pierre Attaïda, qui se perdit dessus l'an 1504. en venant des Indes, quelques-vns de l'équipage se sauuerent à Melinde.

L'Isle de l'Ascension qui est par les 20. degrez de Latitude Sud, fut découuerte par Iean de Noua en allant aux Indes l'an 1501. & luy donna le nom.

Le mesme Iean de Noua découurit l'Isle de sainte Helene en reuenant des Indes en l'année 1502. & luy donna le nom.

Diego Fernandes Pereïra fut le premier qui hyuerna dans l'Isle de Saccotora en l'an 1503.

Anthoine de Saldaigne allant aux Indes en qualité de Capitaine Major, découurit l'Isle de S. Thomas, & de là fut à l'aiguade de Saldaigne, & luy donna le nom en l'an 1503.

Fernande Ioares venant des Indes en qualité de Chef & premier Capitaine de huit Nauires, découurit l'Isle de S. Laurens par le costé de l'Est, & luy donna le nom de S. Laurens en l'année 1506.

Tristan de Cunha allant aux Indes en qualité de General ou Capitaine Major, découurit les Isles qui portent son nom l'an 1506.

Le mesme Tristan de Cunha en la mesme année 1506. découurit l'Isle de S. Laurens par le costé d'Oüest, les Portugais n'en ayans point alors aucune connoissance.

Les sondes & connoissances du Cap de Bonne-Esperance jusqu'à la Baye de la Lagoa, suiuant le rapport qu'en a fait Manuel de Mesquita, apres auoir costoyé toute cette coste dans vne petite Fuste l'an 1575. par le commandement du Roy.

CAP DE BONNE-ESPERANCE.

CE Cap est par les 34. degrez 30. minuttes de Latitude Sud, & gist auec le Cap des Aiguilles Est vn peu au Sud, & Oüest vn peu au Nord, il y a 28. lieuës de l'vn à l'autre.

Estãt Nord-Est & Sud-Oüest du Cap de Bõne-Esperance du costé de l'Oüest, vous le connoistrez à vne grosse montagne ou vn gros tertre qui semble estre vn Islet.

Et sur ce tertre du costé de l'Est, il y a vne grosse montagne qui court Nord & Sud, auec des pics dessus, & comme vne coupeure au milieu, & au delà de cette coupeure il y a vne grande montagne qui par le haut ressemble à vne table; & allant de là vers le Cap & vers la terre qui est plus basse, on void enuiron 405. pics de diuerses grandeurs.

Le long du Cap de Bonne-Esperance du costé de l'Est, il y a vne grande anse dont l'emboucheure est de cinq lieuës, & du costé de l'Oüest il y a deux Morres ou Tertres joignant la mer, qui paroissent estre deux Isles, & cette anse est enuironnée tout autour de rochers escarpez jusques sur le bord de la mer.

CAP FALCO.

Continuant depuis cette anse vers l'Est, on en trouue vne autre petite, & vn peu au delà est le Cap Falço qui est vn gros Tertre, au dessus duquel il y a comme la forme d'vn Chappeau, & * ressemble beaucoup au Cap de Bonne-Esperance; & tout contre ce Cap vers l'Est, il y a vne autre petite anse sans abry pour les Vaisseaux; & passant outre au Cap des Aiguilles, les terres vont tousiours en abbaissant auec quelques petites collines le long de la mer.

* C'est ce qui luy a fait donner ce nom, à cause que plusieurs reuenans des Indes l'ont pris pour le Cap de Bonne-Esperance.

CAP DES AIGVILLES.

Le Cap des Aiguilles est par les 35. degrez Sud vn peu moins, celuy do Infante luy est au Nord-Est-quart à l'Est 14. lieuës.

Ce Cap se connoist, en ce que ses terres sont basses & grises, & se termine en deux pointes basses distantes l'vne de l'autre Est & Oüest quatre lieuës, celle qui est du costé de l'Est est plus basse que l'autre, la coste qui est entre-deux court aussi Est & Oüest, & la terre s'auance jusques à la mer estant haute & basse en lombades & en forme de gros sillons ou costes, & au haut il y a comme vn cercle blanc semblable à vne rondache de bois; & on void comme des * costeaux qui entrent dans le Pays.

* Lombada est proprement vne terre haute & basse composée de collines & vallées, qui ressemble à la voir de loin à vne terre labourée par gros sillõs.

CAP DO INFANTE.

Le Cap do Infante est par les 34. degrez 30. minuttes, il gist auec celuy das Vachas Est peu au Nord, & Oüest peu au Sud 15. lieuës. Ce Cap est vne terre haute & ronde qui entre dans la mer, & qui de loin semble estre vne Isle: il est entre-deux tertres qui paroissent aussi comme des Islets. En ce parage 7. à 8. lieuës en mer, on trouuera 60. & 70. brasses fond de sable menu.

CAP DE S. SEBASTIEN.

La Baye de S. Sebastien est à l'Est du Cap do Infante, son emboucheure a trois lieuës de large; il y a bon abry du vent de Sud-Est du costé du Couchant, & presque jusqu'à l'Est-Nord-Est, le fond est de neuf brasses, fort net & * fort égal, & y a bonne tenuë; il y descend trois riuieres, la derniere desquelles a de fort bonne eau, encore qu'il y ait vn peu de peine à desembarquer quand le vent est de l'Est.

* Aparselado.

Pour entrer dans cette Baye, il faut s'approcher de la pointe du Cap, & se donner garde en passant d'vne basse qui en est éloignée de la portée d'vn fauconneau vers la mer; mais on peut passer entre-elle & la terre auec quelque Vaisseau que ce soit; il vous faut pourtant donner de garde d'vne autre pointe que vous verrez au de là, parce qu'il y a vn banc de pierre qui s'auance en mer à vne portée d'arc, & il est fort dangereux: mais cela passé, tout ce parage est fort net, & on peut ancrer sur neuf brasses.

A l'Est de cette baye, la terre est haute & escarpée le long de la mer. Cette coste a quelques 5. à 6. lieuës de long; ce sont des falaises blanches * & rousses, les vnes commençans dés le bord de la mer ou de la Greve & s'éleuans en haut, & les autres s'estendans comme la coste: & plus auant il y a vne autre terre qui n'est pas si haute,

* Ruiuas.

auec d'autres falaiſes faites comme les precedentes ; mais qui ſont toutes blanches : & de là en auant, la coſte deuient touſiours plus baſſe à meſure qu'on s'approche du Cap das Vaquas.

RIO FORMOSO.

AVant que d'arriuer au Cap das Vaquas, on paſſe pardeuant la riuiere ou Rio Formoſo qui en eſt éloignée d'enuiron vne lieuë : ſa pointe du coſté de l'Eſt eſt baſſe, & s'auance plus en mer que celle qui eſt du coſté de l'Oüeſt : on y void vne petite marque blanche le long de la mer ; les eaux courent beaucoup au dedans de la baye en cette riuiere.

CAP DAS VAQVAS.

LE Cap das Vaquas eſt en la hauteur de 34. degrez vingt minuttes, celuy de S. Bras luy eſt au Nord-Eſt quart à l'Eſt, & en eſt diſtant de cinq lieuës. En rangeant la coſte, on void que ce Cap à vne pointe baſſe qui ſe perd en mer, & vne éminence de terre, au pied de laquelle eſt vn banc de pierre : on diroit à voir de loin cette terre que c'eſt vn Iſlet : mais quand on en approche, on reconnoiſt incontinent que ce n'en eſt pas vn : enuiron vne lieuë à l'Oüeſt de cette éminence, eſt Rio Formoſo.

Au dedans de ce Cap du coſté de l'Eſt, on trouue la baye das Vaquas qui a enuiron vne lieuë d'embouchеure ; c'eſt vn bon Port pour ſe tenir à couuert des vents d'Oüeſt : ſon abry eſt depuis le Nord juſques au Sud du coſté d'Oüeſt ; pour y entrer il n'eſt pas beſoin de ſe garder d'autre choſe que de ce qu'on void, & on peut moüiller en 8. & 9. braſſes ; car il y a eu de grands Vaiſſeaux qui y ont moüillé dans le commencement de la Nauigation des Indes.

En l'année 1505. Iean de Queiros qui eſtoit de l'armée de Pedro de Attaidé, fut tué à cette baye auec la pluſpart de ſon monde, eſtant entré dans le pays. A la pointe de l'Eſt de cette baye, & tout contre terre, il y a des baſſes ; & paſſant outre, la coſte s'eſtend vers le Nord-Eſt, eſt fort baſſe le long de la mer, & fait vn arc qui finit à des falaiſes rouſſes ; & de là en auant, les terres vont en groſſiſſant & s'éleuant juſques au Cap de S. Bras.

CAP DE S. BRAS.

LE Cap de S. Bras eſt en la hauteur de 34. degrez 15. minuttes : de là au Cap Talhado, la route eſt Eſt quart Nord 18. lieuës : on le connoiſt en ce que venant de la mer on void d'abord vne terre qui ſe termine en deux pointes éloignées l'vne de l'autre de cinq lieuës : celle du coſté de l'Oüeſt eſt fort baſſe le long de la mer, & cette pointe finit à l'entrée de la baye das Vaquas ; celle* du coſté d'Eſt eſt le Cap de S. Bras, auquel il y a vn gros rocher eſcarpé, au deſſus duquel il y en a vn autre qui reſſemble à vn chappeau : on y void auſſi des falaiſes rouges, & tout contre la pointe du Cap il y a des rochers entourez d'eau.

* E a de l'Eſte è o cabo de S. Bras na qual ſe fas hum rochedo groſſo, è talhado comhum ſombreiro em cima,

Quand on a ce Cap au Nord-Eſt, on void au deſſus comme vn champ auec quelques éminences, & des taches blanches, & d'autres obſcures qui ont la façon de terres labourées. Les montagnes du Pays ſont fort hautes & rudes, & parmy elles il y a trois pics fort remarquables ; l'vn eſt vis-à-vis du Cap das Vaquas, l'autre eſt preſque au Nord-Eſt du Cap de S. Bras, & reſſemble au pauillon d'vn Vaiſſeau : le troiſiéme eſt auſſi au Nord-Eſt ; mais il eſt plus haut, & il a vne pointe qui s'abbaiſſe du coſté de l'Eſt, & entre ces trois pics il y a des montagnes hautes & pointuës.

AGVADA DE S. BRAS.

Das ſeis legoas para a terra, he apparſelado o fundo.

AV long de la terre qui fait ce Cap, eſt l'aiguade de S. Bras du coſté de l'Eſt; c'eſt vne baye qui a trois lieuës d'ouuerture, elle entre ſix lieuës dans les terres, le fond eſt fort net & eſgal; il y a abry du vent de Sud-Eſt juſqu'au Nord-Eſt du coſté d'Oüeſt. Apres cette baye ou aiguade allant vers l'Eſt, la coſte fait vne maniere d'anſe, en quelques endroits de laquelle on void des monceaux de ſable le long de la mer; & à la fin de cette courbeure qui a la forme d'anſe, la coſte n'eſt plus ſi éleuée, & ne paroiſt plus ſi groſſe; elle eſt platte par deſſus & eſcarpée auec des falaiſes rouges le long de la Greve qui a ſix lieuës de tour; au bout deſquelles il ſe fait vn angle droit ou quarré, & tout contre il y a vne pierre entourée d'eau, au long de laquelle paſſe vne petite riuiere.

Continuant de là ſa route vers Eſt, on trouue les terres fort baſſes, & tout le riuage de la mer eſt de falaiſes blanches, & quelques-vnes rouges, & incontinent apres on rencontre vn Iſlet qu'on ne découure point qu'on ne ſoit tout contre; & de là en auant, la terre va de plus en plus groſſiſſant. Il y a vne pointe de ſable blanc, laquelle eſtant veuë vers le Nord-Eſt,* fait paroiſtre comme 3. mottes de terre l'vne contre l'autre, entre leſquelles il y a cõme des canaux, ou coulées, qui les ſeparẽt les vnes des autres, & celle du milieu eſt plus groſſe que les deux autres, il y a ſur ſon ſommet vne petite touffe d'arbres, & eſt plus prés de la Greve que les autres: à demie lieuë plus auant que ces mottes, on void vne pointe baſſe, puis la coſte ayant continué enuiron deux lieues, on void à la fin deux gros tertres l'vn contre l'autre, & entredeux eſt vne petite anſe qui eſt à 4. lieues du Cap Talhado.

* Fas tres Medoens juntos com Rigueiros que diuidem hũs dos outros.

CAP TALHADO.

LE Cap Talhado eſt en la hauteur de 34. degrez, & giſt auec le Cap das Baixas Eſt & Oüeſt ſept lieues. On le connoiſt à vne pointe fort haute; & ſoit qu'on le regarde du coſté d'Eſt, ou du coſté d'Oüeſt, il ſemble que ce ſoit vne Iſle; parce que la terre de la coſte qui eſt au dedans vers le Pays, eſt ſi baſſe, qu'on ne la peut apperceuoir qu'on ne ſoit tout contre.

Ce Cap a vne falaiſe rouſſe, il en ſort vne baſſe qui auance vn quart de lieue en mer; & tout contre du coſté de l'Oüeſt, il y a vn Iſlet: il n'y a rien dans tout ce qu'on découure de Pays, qui ait de remarque conſiderable; parce que de tous côtez tout eſt plein de montagnes fort hautes: enuiron ſept lieues de ce Cap du coſté de l'Eſt, il y a vn pic qui paroiſt parmy quelques-autres, lequel on prendroit pour vn pauillon ou pour vn mullon de paille ou de gerbes ſemblables à ceux qu'on void aux champs de Santarem; quand on eſt à trois lieues ou enuiron de ce Cap vers la mer; c'eſt la plus haute montagne qu'il y ait dans toute cette coſte en ce parage.

Pic, ou vne haute roche pointue.

BAYE DE SAINTE CATHERINE.

DV coſté de l'Eſt de ce Cap, il y a vne Baye qui ſe nomme la Baye de ſainte Catherine; c'eſt vn bon Port pour ſe garantir des vents d'Oüeſt, & à cette ſituation on la pourra connoiſtre.

CAP DAS BAIXAS.

LE Cap das Baïxas eſt à la hauteur de 34. degrez, il giſt auec la Baye Formoſa Eſt-Nord-Eſt, & Oüeſt-Sud-Oüeſt 8. lieuës. On le connoiſt en ce que c'eſt vne grosse pointe noire & escarpée du costé de la mer ; & quand on vient de deuers Est, il paroist de loin comme vn Islet : * il a au deuant vne terre blanche qui ressemble à vn gros buisson qui sort du riuage & va en mõtant : autour de ce Cap il y a quelques basses qui auancent en mer enuiron demy lieue, & du costé d'Est il y a vne anse dont l'entrée est fort étroite, & n'a presque point d'abry au dedans : elle finit à vne autre pointe du mesme costé de l'Est, cette pointe de l'Est est faite de grands monceaux de sable : & passant outre, la coste deuient tousiours plus haute, & a des falaises blanches & rouges : on y trouue aussi vne riuiere qui est à quelques quatre lieues de la Ponta Delgada ou pointe deliée.

* Tem hũ rostro hua silua de terra branca.

PVNTA DELGADA.

LA pointe Delgada est en la hauteur de 33. deg. 45. min. elle gist auec le Cap das Serras ou des Montagnes Est-Nord-Est, & Oüest-Sud-Oüest, la distance est de 12. l. venant du costé de l'Oüest. On la connoistra en ce qu'elle paroist cõme vne pointe fort deliée qui finit en mer par vne montagne, au pied de laquelle il y a des rochers qui semblẽt estre vn Islet jusqu'à ce qu'on soit tout contre : de là vers la terre-ferme, ce sont des sables fort vnis sans aucune verdure dessus, ils ont bien vne portée de canon de batterie de longueur : on void plus auant dans le Pays des rochers fort pointus, fort hauts & * raboteux, qui sont si égaux entre-eux, qu'on n'apperçoit point que l'vn soit plus haut que l'autre, à la reserue d'vn qui ressemble à la Roca de Cintra : à quelques trois lieues de là vers l'Oüest, on void cinq éminences, qui sont autant de montagnes de sable fort belles à voir.

* Espinhosos.

Sinco manchas que sao montes de area muito bem feytos.

BAYE DE S. FRANCESCO.

LE long de cette pointe du costé de l'Est est la baye de S. Francesco qui a 5. lieues, à son embouchure : c'est vn fort bon Port pour se garantir des vents d'Oüest : il fait abry depuis le costé du Sud jusques au Nord-Est. La meilleure marque que vous puissiez auoir pour le connoistre, sont des terres éleuées qui sont au fonds de la baye, & sont trois montagnes aiguës, dont celle qui est vers le Nord est la plus haute. Pour entrer dans cette baye, il faut que les trois montagnes demeurent à l'Oüest, & alors on sera à l'entrée de la baye ; & si on approche de la pointe du Cap, il se faut donner garde d'vne basse dont il a esté parlé cy-deuant, & moüiller en 15. brasses ; le fond est fort bon & net, & au dedans du Cap vous verrez des sables où l'on peut faire aiguade.

Diego Bottelho moüilla en ce lieu en l'année 1539. venant en Portugal sur vne fuste, & y fit aiguade. Au de là de ce Cap & Baye, la coste est basse le long de la mer, & on y void quelques monceaux de sable qui vont en grossissant jusques au Cap des Areciffes ou des Rochers.

Bastiment Portugais fort petit.

CAP DES ARECIFFES.

LE Cap des Areciffes ou des Rochers est en la hauteur de 33. degrez 20. minuttes; il gist auec la pointe de Patrao quasi Est-Nord-Est & Oüest-Sud-Oüest, il y a 15. lieuës de l'vn à l'autre.

On le connoist en ce que c'est vne pointe fort grosse, autour de laquelle il y a vn banc de pierre ; il y a aussi quelques petits Islets ; à la portée d'vne albalestre desquels, il y a des roches où la mer rompt ; du costé de l'Oüest on void des sables plats, & sur le riuage il y a des roches qu'on prendroit pour des Islets. Entre ces pierres & le Cap il y a vne basse tout contre terre, & dans le Pays on void comme vn bout de montagne coupée qui est haute, raboteuse, & plus éloignée du riuage que celles qui sont au dessus de la baye de S. François : de là tirant vers Est, on n'en void point d'autre, & tout le pays n'est que deserts, lombades & montagnes qui sont tout d'vn autre aspect que celles que ie viens de décrire.

BAYE DE LA LAGOA.

AV long de ce Cap du costé de l'Est il y a vne grande anse ou baye, à l'embouscheure de laquelle il n'y a point d'abry : on l'appelle la baye de la Lagoa, qui veut dire du Marest : elle a douze lieuës d'embouscheure ou d'ouuerture ; & quand on est dedans, on void les montagnes qui sont derriere & au Sud, vne autre montagne accompagnée de quatre ou cinq petites collines : du costé de l'Oüest, il y a quatre Islets nommez les Islets de la Croix : l'vn de ces quatre est plus grand que les autres, & quelque Vaisseau que ce soit y peut trouuer abry par tout le costé du Couchant qui est fort net, on y trouue fonds de sable sur 12. ou 13. brasses ; il gist Est & Oüest auec deux autres Islets qui sont du costé du Leuant, qu'on appelle les Islets Lamos ou plats, parce qu'ils sont fort bas & vnis, & on ne les apperçoit point qu'on n'en soit à 2. lieuës prés ou enuiron : au Sud-Est de ces Isles il y a vne basse qui en est éloignée enuiron de demie lieuë : toute la terre au dedans de ces Islets est pleine de grands monceaux de sable auec des touffes d'arbres, & dans le pays on void des costeaux *a* de terre noire, auec beaucoup de petites collines ; de là il sort vne pointe vers le Nord-Est, dont l'extremité demeure à l'Est quart de Nord-Est, qui pousse iusques dans la mer : elle est fort basse & étroite, & au riuage il y a quantité de sable auec quelques buissons ou *b* arbres çà & là qui paroissent noirs. Au bout de cette baye est vne montagne escarpée du costé de terre, qui a vne *c* separation au milieu ; & à demie lieuë de là on en void vne autre : & dans la vallée qui est entre-deux, il y a quelques arbres qui ressemblent à des pins, ce sont les premiers que j'aye veu le long de cette coste depuis le Cap des Aiguilles jusqu'en ce parage.

a Lombades.

b Antres achados de Nodoas pretas de matto.

c Degolada no meyo.

A sept ou huit lieuës de ces Islets vers la mer, est vn prazel ou banc sur lequel il y a 35. brasses d'eau ; allant de ce banc vers la coste, il y a plus de profondeur : on trouue sept ou huit brasses à trois lieuës ou enuiron de terre, le fond est par tout de sable menu, & en quelques endroits de vaze.

Latitude & situation de la basse de Iudia, suiuant ce que plusieurs Pilotes en ont écrit, & ce que j'en ay découuert & obserué en estant à la veuë.

VIncent Roys dit dans son premier Routier, qu'il a veu la basse de Iudia aux années 1568. & 1570. & qu'à sa veuë il prit hauteur, & trouua 22. degrez, il estoit au costé de Sud-Est de cette basse.

François Sedenho asseure qu'il a trouué cette mesme hauteur à la veuë de cette basse de Iudia.

André Lopes dit qu'estant du costé du Sud-Est à la veuë de la basse, il a trouué 22. degrez 10. minuttes de hauteur.

Gaspar Gonsalués, Pilote du Nauire S. Iago qui se perdit sur cette basse, dit qu'il y a trouué 21. degrez 30. minuttes.

Et moy estant à vne lieuë ou enuiron de cette basse par le costé du Nord-Oüest ie pris hauteur, & trouuay 21. degrez 12. minuttes. Le second Pilote, le Maistre & l'Escriuain du Nauire Cabo où j'estois Pilote, trouuerent la mesme hauteur ; &

plusieurs Mariniers qui la prirent aussi, trouuerent 21. degrez peu plus, le Vaisseau estoit alors bien en repos, le Soleil fort clair & le temps sans nuages, & cette hauteur fut prise auec toutes les precautions necessaires, c'est pourquoy ie n'ay aucun doute que ce ne soit la vraye.

Ie suppose aussi que Vincent Roys, & les autres Pilotes cy-deuant nommez, ont bien pris cette hauteur; & la conferant auec celle que j'ay obseruée, ie trouue que cette basse doit auoir 16. lieuës de long, depuis la pointe du Nord-Oüest jusques à celle de Sud-Est; parce qu'estant enuiron vne lieuë loin de la derniere pointe de cette basse, que j'auois alors au Sud-Est, ie trouuay 21. degrez 12. minuttes de hauteur.

Gaspar Gonsalvez estant échoüé dessus, trouua 21 degrez 30. minuttes, & les autres Pilotes dont j'ay rapporté les obseruations, ont trouué 22. degrez estans à la veuë de sa pointe qui est du costé de Sud-Est, & elle leur estoit au Nord-Oüest. On void que la difference des hauteurs de la pointe du Sud-Est, & de celle du Nord-Oüest, est tout au plus de 48. minuttes, qui sont $\frac{4}{5}$ de degré; & le degré pris du Nord-Oüest au Sud-Est vallant 24. lieues & trois quarts, les quatre cinquiémes vaudront en ce Rumb 20. lieues: donc depuis le lieu où ie pris la hauteur de 21. degrez 12. minuttes, jusques à celuy où les autres Pilotes ont trouué 22. degrez, il y a 20. lieues de distance.

Mais lors que les autres Pilotes trouuerent 22. degrez, ils deuoient estre à deux ou trois lieues ou enuiron de la pointe du Sud-Est de la basse vers la mer; & moy quand ie trouuay 21. degrez 12. minuttes, j'estois à vne lieue ou plus de la pointe du Nord-Oüest: & assemblant les lieues dont ie presume que ces Pilotes deuoient estre éloignez de la basse auec celle dont j'en estois distant, on aura quatre lieues, qui estant ostées de la distance qu'il y auoit entre les lieux, où nous auons obserué, il restera 16. lieues pour la longueur de la basse de Iudia, depuis la pointe du Sud-Est jusques à celle de Nord-Oüest.

Quand ie vis cette basse, ie fus tout vn iour à la passer en estant du costé de l'Oüest à la distance d'enuiron vne lieue & demie, auec vn petit vent de l'Est-Sud-Est qui venoit de dessus le banc; ce qui fut cause que ie la rangeay de si prés. Ce iour-là ie la vis de pleine & de basse mer, & remarquay qu'elle est en forme de triangle; parce que quand ie la découuris, j'apperceus vne de ses pointes vers le Nord-Est, & de ce lieu ie courus aussi Nord-Est le long de cette basse iusques à deux heures apres midy, la voyant tousiours continuer vers le Nord-Est auec ses roches, iusques à la pointe où elles finissent, & cette pointe nous demeuroit au Sud-Est quand ie fus vis-à-vis d'elle: & quand ie commençay à voguer le long de cette face, j'en vis vne autre qui alloit vers le Nord-Est: on ne pouuoit découurir ny remarquer là aucun Cap de dessus le mastereau: & aussi quand on est à la pointe qu'elle fait vers le Nord-Oüest, on ne peut découurir de dessus les mastereaux la pointe qui est vers le Sud-Est; & j'ay seulement remarqué que cette face court du Nord-Oüest au Sud-Est, où elle finit à vne Islette qui est vers le Sud-Est: ainsi cette basse à trois pointes, dont l'vne commence au Sud-Oüest & court iusques à la pointe du Nord-Oüest; & de là va vers le Sud-Est où elle se termine à la pointe du Sud-Est, & ainsi elle est triangulaire.

Cette basse est assez étroite; car de dessus la Hune on void la mer rompre de l'autre costé: j'apperceus en cette basse vn fort grand espace tout rempli de corail blanc, qui paroissoit comme vne plaine de sable: j'y remarquay aussi plusieurs pointes de rochers qu'on eust pris de loin pour des arbres; mais ie n'ay point veu de sable sur cette basse, comme quelques Pilotes ont dit qu'ils y en auoient apperceu: & pour moy, ie croy que ce qu'ils ont veu est l'endroit où est ce corail blanc, qui de loin ressemble à du sable dans le temps de la basse marée; car de pleine mer on n'y void ny corail, ny rien de blanc; mais bien dans le milieu de cette basse, j'ay remarqué vn grand espace de mer qui est de couleur tirant sur le verd comme de citron: cette eau est fort calme & comme celle d'vn estang, au lieu que le long de la basse, la mer brise auec grande impetuosité: ie ne vis point d'oyseaux allant par le costé d'Oüest, il est croyable que c'est qu'il n'y en a point dans l'Islet qui est du costé de l'Est.

Remarque d'vn Pilote qui a veu cette Basse en l'année mil six cens quarante.

ALexis da Motta a couru cette basse du costé de l'Oüest allant vers le Nord-Est en la hauteur de 21. degrez 12. minuttes: & moy ie l'ay veuë en la hauteur de 22. degrez: & en estant à trois lieuës, nous courûmes vers le Nord-Est; & parce qu'il nous sembloit que c'estoit vne Isle, nous cinglâmes vers l'Est & l'Est-Nord-Est, & de nuit sa pointe estoit au Sud de nous; car il me falloit trauerser en cette hauteur, ie ne vis point les rochers couuerts d'eau; mais seulement vne Isle de six ou sept lieuës auec du corail ou du sable: j'y apperceus aussi des Caps en forme de deux petites montagnes assez hautes auec vne infinité d'oyseaux, encore qu'Alexis de Motta dise qu'il n'en a veu aucun de ce costé-là: ces oyseaux sont des Garrazines blanches par le ventre, & d'vn gris brun sur le dos, des Rabos de Ionco ou queuës de jonc, des Rabos Forcados ou queuës fourchuës, & aussi des Alcatras, & de toutes ces differentes especes en grand nombre; la mer ne me parut point briser auec tant de furie qu'il dit, si ce n'est à la pointe seulement. Ie n'apperceus point aussi d'eau en pas vn endroit de ce banc; mais ie le trouuay de mesme façon par tout depuis le matin jusqu'au soir, estant dans le Nauire de Nostre-Dame de Galaya l'an 1640. où estoit le Vice-Roy Iean de Sylua Tello.

Remarque. Il est facile d'accorder Alexis de la Mothe auec cét autre Pilote dont les obseruations semblent se contrarier; parce qu'Alexis a passé par le costé d'Oüest de ces basses, & ce dernier par le costé de l'Est, où il a veu des oyseaux qui possible ne s'adonnent qu'aux enuirons de l'Isle qui est au Sud, ne trouuant rien du costé de l'Oüest du banc; & c'est ce qui a fait croire à Alexis, qu'il n'y en auoit point dans l'Isle, laquelle selon le rapport du dernier a six ou sept lieuës de long; & ayant à trauerser en cette hauteur, ainsi qu'il dit, il passa outre cinglant à l'Est & à l'Est-Nord-Est vers l'Isle de S. Laurens, & ne vid point la basse de Iudia; mais seulement cette Isle: ce qui peut estre cause qu'il l'a prise pour la basse entiere.

Situation de l'Isle de Saccatora, ainsi que ie l'ay veuë en l'année 1612. que j'y passay l'Hyuer dans le Nauire le Cabo.

1. LE milieu de l'Isle de Saccatora est en la hauteur de 12. degrez 30. minuttes Nord, sa longueur s'estend de l'Est-Nord Est à l'Oüest-Sud-Oüest, où elle fait face du costé du Sud, il y a 16. lieuës d'vne des pointes à l'autre par ce costé-là: cette Isle est fort haute & pleine de montagnes.

2. Quand on est obligé d'hyuerner sous cette Isle auec des Caraques de Portugal, il faut aller reconnoistre la pointe d'Est-Nord-Est par le costé du Sud de l'Isle: auant que de terrir, il en faut approcher jusqu'à ce qu'on trouue vingt brasses, & sur ce fonds il faut courir jusques à la pointe d'Oüest-Sud-Oüest qui est fort haute, escarpée, & ressemble assez au Cap* de Spickel; & continuant d'aller

* Ce Cap est au Nord de l'entrée de la riuiere de Lisbône.

ſur cette profondeur de 20. braſſes, il n'y a rien à craindre, tout y eſtant fort net & fonds de ſable; mais plus prés de l'Iſle où le fonds n'eſt que de 15. braſſes, il y a des bancs de pierre.

3. Lors que vous ſerez vis-à-vis de cette pointe qui reſſemble au Cap de Spickel, vous découurirez vne autre face de l'Iſle qui giſt Sud-Eſt & Nord-Oüeſt, ou peu s'en faut, & qui a enuiron 10. lieuës de long. Deuant cette coſte, à quelques huit lieuës en mer, il y a deux Iſlettes qu'on appelle duas Irmas, ou les deux Sœurs, qui ſont éloignées l'vne de l'autre d'enuiron quatre lieuës, & giſent entre-elles Sud-Eſt & Nord-Oüeſt.

4. Quand vous ſerez au morro ou tertre qui reſſemble au Cap de Spickel, il vous faut approcher de terre & aller le long de la coſte ſur 15. 20. & 25. braſſes; & ſi-toſt que vous ſerez vis-à-vis d'vne montagne haute & ronde qui eſt au milieu de cette face de l'Iſle, auprés de laquelle il y en a vne autre plus petite & pointuë qui eſt fenduë par le milieu, à cauſe dequoy on l'appelle Oreille de Liévre, & que cette montagne vous demeurera au Nord, vous pouuez moüiller à 18. braſſes, & il faut que ce ſoit en fonds de ſable. Là vous ſerez à l'abry des vents d'Eſt, & il n'y a point d'autre lieu en cette Iſle où on puiſſe eſtre mieux à couuert de ces vents-là.

5. Il faut * porter des Ancres à terre à cauſe qu'il y a beaucoup de fond & qu'il eſt de ſable; ce qui eſt cauſe que les Ancres n'y ont pas bonne tenuë: & arriuant dans le temps de la pleine ou nouuelle Lune des mois de Decembre ou de Ianuier que les vents viennent du Nord, & qu'ils ſoient violens; comme la mer en deuient fort groſſe & orageuſe, la reſaque & retour des vagues fait arer les Ancres, qui meſme s'arrachent s'il n'y a beaucoup de cable dehors.

* Surjaſſe com auec-ſten.

6. Deuant cette montagne où j'ay dit qu'il falloit moüiller, & au pied du coſté du Sud-Eſt, on trouue de l'eau dans deux puits qui ſont à deux portées de fauconneau du riuage vers la montagne: l'eau en eſt vn peu ſalée, mais c'eſt la meilleure qu'il y ait de ce coſté-là de l'Iſle: on y trouue auſſi du bois pour la cuiſine.

7. Et encore que de ce coſté-là il n'y ait point d'habitation, c'eſt pourtant le meilleur endroit de l'Iſle pour ſe garantir des vents d'Eſt, & le plus ſain. Et dés que le Xeque qui commande dans l'Iſle eſt auerty qu'il y a quelque Nauire à l'Ancre, il eſt ſoigneux d'y enuoyer tout à l'heure de toutes les ſortes de rafraîchiſſemens qui ſe trouuent dans l'Iſle; comme ſont quantité de Chevres, de Moutons, & quelques Vaches & Poules, auec quantité de Poiſſon, de Citroüilles, de Lait, de Beurre, de Millet, quelque peu de Rys, & de fort bonne eau qui vient d'vne petite riuiere que les Habitans tiennent cachée, & qui eſt auprés d'vne anſe ou baye qui ſe nomme Calancia.

8. Dans cette meſme face de l'Iſle où j'ay dit qu'il falloit moüiller, & où ſont les deux puits dont j'ay parlé, eſt auſſi cette baye de Calancia, où il y a vne petite habitation de * Bedoës, & c'eſt là qu'eſt la riuiere d'eau douce qui prend ſon origine de deſſus les montagnes, dans vne petite plaine toute verte ſur laquelle ſont quelques Palmiers; elle ſe va rendre dans la mer par deſſous des pierres & au trauers du ſable, d'où vient qu'on n'en ſçauroit marquer l'endroit: & ie donne auis de cela, parce que les Mores ou Negres ne la veulent pas montrer pour tirer de l'argent de l'eau.

* C'eſt le nom des Habitans.

9. Du lieu où j'ay dit qu'il falloit ancrer juſques à Calancia, il y a dix lieuës: mais à l'anſe où eſt Tamareté, qui eſt la grande habitation du Xeque qui gouuerne l'Iſle, il y a de fort bonne eau, des palmiers, & quantité de rafraîchiſſemens; car le Xeque amaſſe en ce lieu tout ce qui s'en trouue dans l'Iſle.

10. Or il n'y a pas moyen d'hyuerner dans aucune des bayes de cette Iſle, de celles qui ſont au coſté du Nord, dans le temps que regnent les vents d'Eſt. Il y a beaucoup de fond tout autour de cette Iſle, de maniere qu'on ne peut moüiller que dans les

anſes ou tout contre les rochers de la coſte, ſur 15. 20. & 30. braſſes.

11. Ceux qui hyuernent dans cette Iſle, doiuent partir pour Goa auec les premiers vents d'Oüeſt & dés qu'ils commencent; & s'ils ne permettent pas d'aller par le Sud de l'Iſle, il faut ſuiure la coſte, & s'en tenir le plus prés qu'on pourra juſques à Calancia: & de là il faut gouuerner à l'Eſt ſe tenant à deux lieuës de terre: il n'y a rien à craindre; parce que toute cette coſte eſt nette, & il y a bon fond* par tout, meſmes juſques tout contre les roches.

* Alcantilado.

12. Eſtant du coſté du Nord, ſi le vent vous empeſche de gouuerner à l'Eſt, il faudra louier allant tantoſt vers le Nord & tantoſt vers le Sud; car en ce parage, les eaux portent à l'Eſt, & j'ay obſerué cela dans le Nauire le Cabo: eſtant party du lieu où j'auois moüillé, ie fus à Callancia prendre mes gens qui y auoient hyuerné, & auſſi pour faire aiguade dans la riuiere dont j'ay parlé: j'en partis le 25. de Mars, & ie trouuay incontinent apres des vents d'Eſt, qui m'obligerent de louier huit iours durant, & de faire mes bordées Nord & Sud, & les courans me portoient toûjours ſur le vent & à l'Eſt, juſqu'à ce que l'Iſle me demeurât derriere: ce qui arriua le 10. d'Auril, & ie trouuay les vents d'Oüeſt le 15. du meſme mois, qui me firent auancer auec les courans vers le Nord-Eſt: & encore qu'en la nouuelle Lune j'euſſe quelques bouffées de vent d'Eſt, neantmoins ceux de l'Oüeſt reuinrent bientoſt apres, & auſſi ceux de Sud & de Sud-Sud-Eſt; & c'eſt vne choſe certaine, que les eaux courent au Sud-Oüeſt auec les vents d'Eſt, & au Nord-Eſt auec ceux d'Oüeſt: j'en ay fait l'experience; parce qu'en l'année 1600. ie paſſay dans vn Vaiſſeau à rames depuis la veuë des montagnes de *a* Dofar juſques à la hauteur de dix-ſept degrez courant à la veuë du Cap *b* Frataqui auec vn vent Nord-Eſt à la fin du mois d'Octobre, & ie trouuay que les eaux couroient vers le Sud-Oüeſt; & de ce Cap de Frataqui, ie trauerſay à l'Iſle de Sacatora, où j'obſeruay que les eaux courroient de la meſme façon auec grande violence, de ſorte que ie faiſois trente-cinq lieuës en vingt-quatre heures dans mon batteau, & ie n'auois pour toutes voiles qu'vn morceau de groſſe toile accommodée à vn auiron; & ainſi j'arriuay à l'Oüeſt de la pointe de cette Iſle, où ie trouuay que les eaux couroient fort vers le Sud.

a Dofar eſt vne ville dans l'Arabie heureuſe. *b* Ce Cap eſt auſſi dans la meſme coſte d'Arabie plus à l'Oüeſt que Dofar.

13. En l'année 1601. comme ie venois de Montbaza dans vne Galiote, ie nauigeay tout le long de la coſte de la Deſerte juſques à l'Iſle de Sacatora au mois d'Auril, auec vent de Sud-Oüeſt, & ie trouuay que les eaux faiſoient beaucoup auancer noſtre voyage pour le peu de vent qu'il faiſoit. Cela fait voir que les eaux coûrent au Nord-Eſt juſques au Cap de Guardafuy; & lors que nous y fuſmes, nous trouuâmes que les courans ſortoient du Détroit, & alloient vers le Sud, & ils ne nous permirent pas d'aller de l'auant auec le vent qu'il faiſoit, qui eſtoit vn peu eſchars, & cela dura juſques à ce que nous fuſmes paſſez les deux Irmas ou les 2. Sœurs.

14. L'an 1612. eſtant en Latitude de quatorze degrez trente minuttes du coſté du Nord, & à 70. lieuës ou enuiron de la coſte d'Inde à la fin du mois de Nouembre, les vents d'Eſt ſe leuerent, qui m'obligerent de relaſcher à l'Iſle de Sacatora, où ie paſſay l'Hyuer, ayant moüillé au coſté de l'Iſle qui giſt Sud-Eſt & Nord-Oüeſt, & qui a vers le Sud les deux Irmas dont j'ay deſia parlé.

15. En ce voyage, où ie fus contraint de relaſcher à cette Iſle, ie trouuay de grands courans, qui portoient vers l'Oüeſt-Sud-Oüeſt, & quand ie fus prés de l'Iſle, ie remarquay qu'ils alloient vers le Sud-Oüeſt auec vn vent ſi eſchars, qu'il nous ſembloit eſtre ſur des baſſes.

16. Et en allant auec le batteau de ce vaiſſeau pendant les quatre mois que nous fuſmes à l'Ancre en cette rade, vers l'anſe ou baye de Calancia, qui en eſt éloignée de dix lieuës du coſté du Nord, où eſt l'habitation & la riuiere où ſe prend la bonne eau, & qui fait partie de l'embouchure du Détroit, ie trouuay touſiours que les

eaux qui en sortoient couroient au Sud auec grande force ; parce qu'en allant du lieu où le Nauire estoit à l'Ancre à la baye de Calancia, il nous falloit deux ou trois iours pour y aller à force de rames & auec beaucoup de peine ; mais en retournant de là vers le Nauire, nous sommes quelquesfois venus en dix heures : & partant du matin de Calancia auec les voiles & les auirons, nous arriuions au soir du mesme iour à bord de nostre Nauire, & nous faisions le Sud-Sud-Oüest en venant par le dehors des anses : cette experience & beaucoup d'autres que nous fismes, montrent éuidemment que pendant ces quatre mois que nous demeurâmes prés de cette Isle, les eaux sortent du Détroit & courent au Sud.

17. Pendant nostre sejour, le Xeque enuoya sa Galiotte à Quaixen pour querir des viures, & s'en alla gagner le Cap de Guardafuy ; & de là passant le long de la coste de Fuy, elle trauersa l'embouscheure du Détroit pour aller à Cachem ; mais ce fut auec beaucoup de peine, à cause des grands courans : car bien souuent quelque bon vent qu'ils eussent, ils ne pouuoient pourtant vaincre le cours de l'eau qui sortoit du Détroit, & ainsi ils employerent beaucoup de temps à faire leur voyage : mais au retour, encore qu'ils n'eussent que quelques bouffées de vent, ils vinrent de Quaixen à l'Isle en deux iours : & cette experience fait voir la fausseté de ce que plusieurs Routiers asseurent sçauoir que les eaux entrent dans le Détroit, puis qu'au contraire elles en sortent & vont vers le Sud, passant entre la coste du Cap de Fuy & l'Isle de Sacatora. Ie donne cét auis, afin que les Nauires ne craignent point d'aller hyuerner à cette Isle.

Quaixen est à la coste d'Arabie joignant le Cap Fartaque du costé d'Oüest.

Remarques sur le Routier precedent.

COmme ce Routier a esté fait par vn homme de mer, aussi s'y est-il trouué plusieurs expressions assez difficiles à entendre, on a cotté en marge celles où il peut auoir quelque difficulté, afin que le Lecteur en puisse mieux juger : mais auparauant il faut remarquer vne erreur qui n'est pas tant de l'Autheur de ce Routier, que du temps auquel il a vécu ; car il y a fort peu de temps que les gens de mer sçauent que la variation de l'aymant change ; l'aiguille n'est plus fixe au Cap des Aiguilles : & à Paris du temps d'Oronce, il y a enuiron six-vingt ans, elle varioit de 8. ou 9 degrez : & en cette année 1664. on trouue qu'elle n'a plus aucune variation.

On n'a pas encore assez d'obseruations pour donner des regles certaines de ce mouuement de la variation, afin de sçauoir combien elle peut auoir changé, tant à cause qu'il y en a beaucoup où le temps auquel elles ont esté faites n'est point cotté, que parce qu'elles ont esté faites en des lieux differens ; & mesme quand on sçauroit quel est le mouuement du point où l'aiguille se trouue fixe, on ne pourroit pas juger pour cela combien doit auoir changé la variation par tous les endroits où on l'a autrefois obserué ; il faudroit auec cela sçauoir quelle est la plus grande variation dans le parallele où on se trouue, & où on veut sçauoir la quantité de la variation : mais pour expliquer tout ce qui seroit necessaire sur cette matiere, il en faudroit faire vn traité exprés : en attendant, voicy vne regle generale pour sçauoir si la variation aura augmenté ou diminué.

Au lieu où elle a esté trouuée autrefois la plus grande, soit vers le Nord-Est ou vers le Nord-Oüest, la variation a maintenant diminué ; & de ce lieu allant vers Est, elle diminuë, & vers Oüest elle augmente : & pour la quantité de la variation, il faut auoir égard si elle augmentoit peu ou beaucoup allant dans le mesme parallele ; car si elle augmentoit peu, la difference n'en sera pas si grande ; mais il y aura plusieurs degrez de difference si elle augmentoit ou diminuoit beaucoup en peu d'espace ou de chemin allant vers Est ou vers Oüest.

Dans la 2. page art. 3. à la fin, il est parlé de Saluages comme d'vn banc & d'vne basse; neantmoins c'est vne Isle ou plusieurs petites ensemble: & il les appelle de ce nom; parce qu'estant petites & entourées de rochers, on ne les considere que comme vn banc. art. 8. ligne 2. lisez Sud quart au Sud-Oüest. ligne suiuante, il faut tenir de l'Oüest. art. 13. ligne 5. lisez vous les rencontrerez. A la fin du mesme art. on ordonne de ne s'éloigner pas beaucoup de la coste de Guinée, *para tem mais balrauento*: on l'a interpreté pour prendre mieux le vent; ce qui veut dire que nauigeant ainsi, on aura le vent plus en poupe quand il faudra doubler le Cap de S. Augustin: page 4. ligne 6. 7. & 8. de l'art. 15. lisez il faudra courir à la bordée de l'Oüest; & si elle est de cinq degrez, il vaudra mieux courir à la bordée de l'Est; mais si elle Nordeste de quatre degrez, il faudra dans le temps de vingt-quatre heures, &c. A la fin de la 8. ligne, lisez taschant de vous tenir.

En la ligne 3. de l'art. 15. on remarquera que le Routier ne parle que de trauades, & non pas de grains de vent, qui est autre chose; car trauade est proprement vn tourbillon de vent qui se rencontre d'ordinaire le long des costes d'Affrique; il est si violent, qu'on est contraint d'abbaisser toutes les voiles, & ne dure qu'enuiron vne heure & demie; il commence par vn nuage qui se forme à l'horizon pendant le calme, & qui apres s'estre grossi venant à creuer, excite vne tourmente, & sur la fin de la pluye: art. 16. lig. 4. l. se tenant cependāt à la mesme distance de la coste.

Au mesme art. il est dit que les courans tiennent le Vaisseau *para balrauento*, on l'auoit traduit *tiennent le Vaisseau sur le vent*; mais il vaut mieux lire *poussent le Vaisseau vers le vent*. art. 18. ligne 8. lisez auant cette hauteur ils deuiennent plus contraires, se tournent au Sud-Est. p. 5 ligne 2. il faut entendre la coste du Brezil. art. 21. ligne 2. au lieu de hauteur, lisez veuë. art. 22. ligne 2. lisez jusques en la hauteur. A la fin du mesme art. lisez laisser cette Isle au dessous du vent. p. 7. art. 29. ligne 4. l. & changé en coquilles. On remarquera que Craquas sont de petites coquilles qui finissent en pointe par en haut, & s'engendrent sur le bois quand il a esté long-temps dans l'eau, & qu'il est prest de pourrir; dans ces coquilles il y a de petits poissons. art. 30. ligne 2. lisez à voir des oyseaux grands comme ceux que les Portugais appellent Cotos. ligne 3. lisez Mauuettes. art. 31. ligne 6. lisez on verra grande diuersité de ces oyseaux en mer, & en quantité, c'est signe, &c. ligne penultiéme lisez burgalhao. p. 8. ligne 1. lisez à veuë de terre. ligne 5. Les coquillages dont il est icy parlé, sont des Burgalhaos, qui sont de petites coquilles lōgues, pointuës & tournées en visse. lig. 7. l. tant que vous soyez Mesme lig. l. à la veuë. p. 9. lig. 5. du dernier art. l. Estant. p. 10. ligne 8. au lieu de l'Est l. l'Est-Sud-Est. art. 9. ligne penultiéme, Le parage qu'il entend est celuy où les eaux courent vers le Nord, dont il a esté parlé vn peu auparauant. art. 10. ligne 1. plusieurs petits roseaux entrelassez. Le Portugais *muitos caniços*. p. 11. art. 12. ligne 4. & 5. l. rousseastre; le Portugais porte *ruiuassa*.

Page 12. art. 18. & 19. il est parlé d'vn fond nommé *Salam*, on l'appelle Teignant en quelques ports de France; on diroit que c'est de la vaze & du sable qui commencent à se lier ensemble & à se pestrifier: c'est vn mauuais fond; car il a mauuaise tenuë, & ne laisse pas de couper les cables aussi bien que la roche. p. 13 en l'apostille l. Linscot. p. 15. lig. 2. l. 16. degrez peu moins. art. 8. lig. 10. l. que forment. p. 16. art. 12. lig. 3. l. écailles blanches de Seche: à la fin de la ligne l. & des Vinteïs. art. 13. & ailleurs, Morro est interpreté rocher, & en d'autres Terres, & c'est cette derniere interpretation qu'il faut suiure; p. 17. art. 4. lig. 3. l. de Sud-Est & de Sud. p. 18. art. 10. lig 6. l. se fait voye, à l'apostille l. aoeste. p. 20 art. 4. lig 11. l. au Sud Oüest de cette Isle. art. 6. lig. 3. l'original ne porte pas du costé d'Oüest, mais ce qui suit fait voir qu'il le faut entēdre ainsi. page 24. art. 10. ligne 2. lisez s'en doiuent approcher enuiron vne lieuë, soit qu'ils viennent, &c. Aparcelado a esté interpreté en quelques endroits clair; mais c'est proprement vn fond vny & égal.

ابوالفضل فرخ زادتاج الدوله　　ابوالمظفرابراهيم ظهيرالدوله

ابوالفتح مسعودعداالدوله

ابوالمظفربهرام شاه يمين الدوله　　ابوالفتح ملك ارسلان سلطان الدوله

ابوشجاع خسروشاه سراج الدوله

بورت[illegible]

محمد

حسن

محمد

حسن

محمد

خورشاه

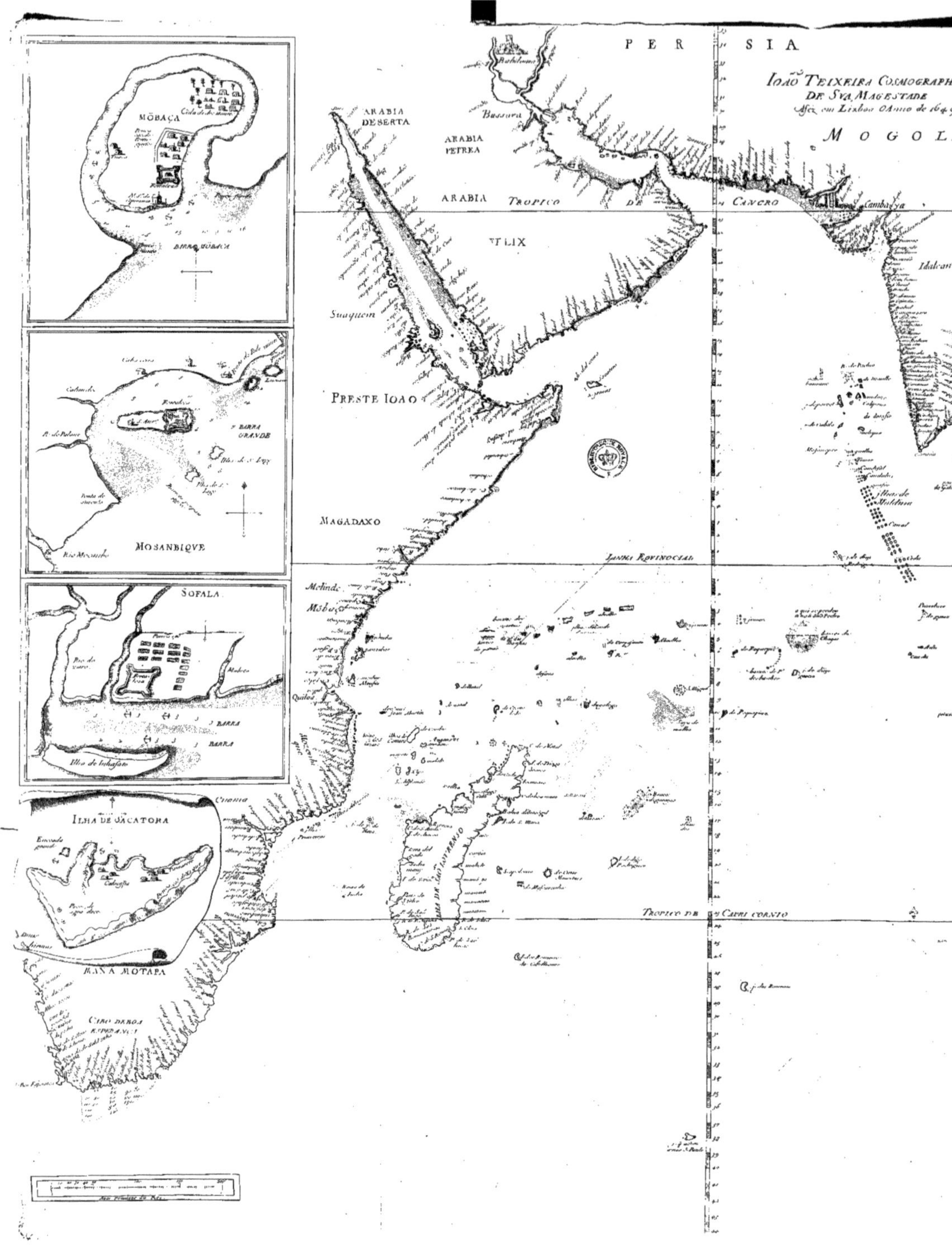

PERSIA
IOÃO TEIXEIRA COSMOGRAPHO
DE SVA MAGESTADE
Afez em Lixboa OAnno de 1649.
MOGOL
ARABIA DESERTA
ARABIA PETREA
Bassura
ARABIA
TROPICO DE CANCRO
Cambaya
Idalcan
Suaquem
PRESTE IOAO
MAGADAXO
Melinde
Mõbaça
Quiloa
MÕBAÇA
MOSANBIQVE
BARRA GRANDE
SOFALA
BARRA
ILHA DE ÇACATORA
Comoro
Ilhas de Maldiva
TROPICO DE CAPRI CORNIO

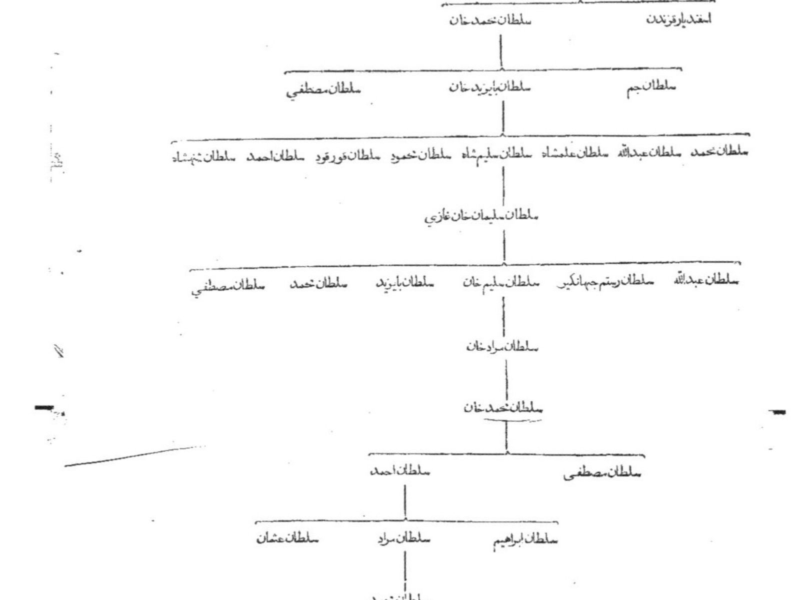

اسفندیار قزندن
سلطان محمد خان
سلطان جم
سلطان بایزید خان
سلطان مصطفي
سلطان محمد
سلطان عبدالله
سلطان علمشاه
سلطان سلیم شاه
سلطان محمود
سلطان قورقود
سلطان احمد
سلطان شهنشاه
سلطان سلیمان خان غازي
سلطان عبدالله
سلطان رستم جهانکیر
سلطان سلیم خان
سلطان بایزید
سلطان محمد
سلطان مصطفي
سلطان مراد خان
سلطان محمد خان
سلطان مصطفي
سلطان احمد
سلطان ابراهیم
سلطان مراد
سلطان عثمان
سلطان محمد

ابوجعفر محمد القايم بامرالله

ابوالقاسم عبدالله المقتدي بامرالله
ابوالعباس احمد المستظهر بالله

ابوعبدالله محمد المقتفي بامرالله
ابوعبدالله محمد المستنجد بالله
ابوالمنصور حسن المستضي بالله
ابوالعباس احمد الناصرلدين
ابوالنصر محمد ظاهر بالله
ابوجعفر منصور المستنصر بالله
ابواحمد عبدالله المستعظم بالله

ابومنصور فضيل المسترشد بالله
ابوجعفر منصور راشد بالله

سلجوق
ميكاييل

داود
الب ارسلان محمد برهان اميرالمومنين
ابوالفتح ملك شاه معزالدنياوالدين

محمد
احمد
ابوطالب طغرل تكين

ابوشجاع محمد غياث الدنياولدين — ابوالمظفر قلج ارسلان — ابوالحارث سلطان سنجر معزالدنياوالدين

ابوالفتح مسعود ركن الدنياوالدين — ابوطالب طغرل مغيث الدنيا

ابوالقاسم محمود ركن الدنياوالدين — ابوشجاع سليمان معزالدنيا — ابوشجاع محمد معزالدنياوالدين

ابوالمظفر ارسلان
ابوطالب طغرل ركن الدنياوالدين
پادشاه ايلكوزخان اتابك

حسن الحميم
جعفر
محمد
علي

سبكتكين ناصرالدوله
ابوالقاسم محمود غزنوي امين الدوله

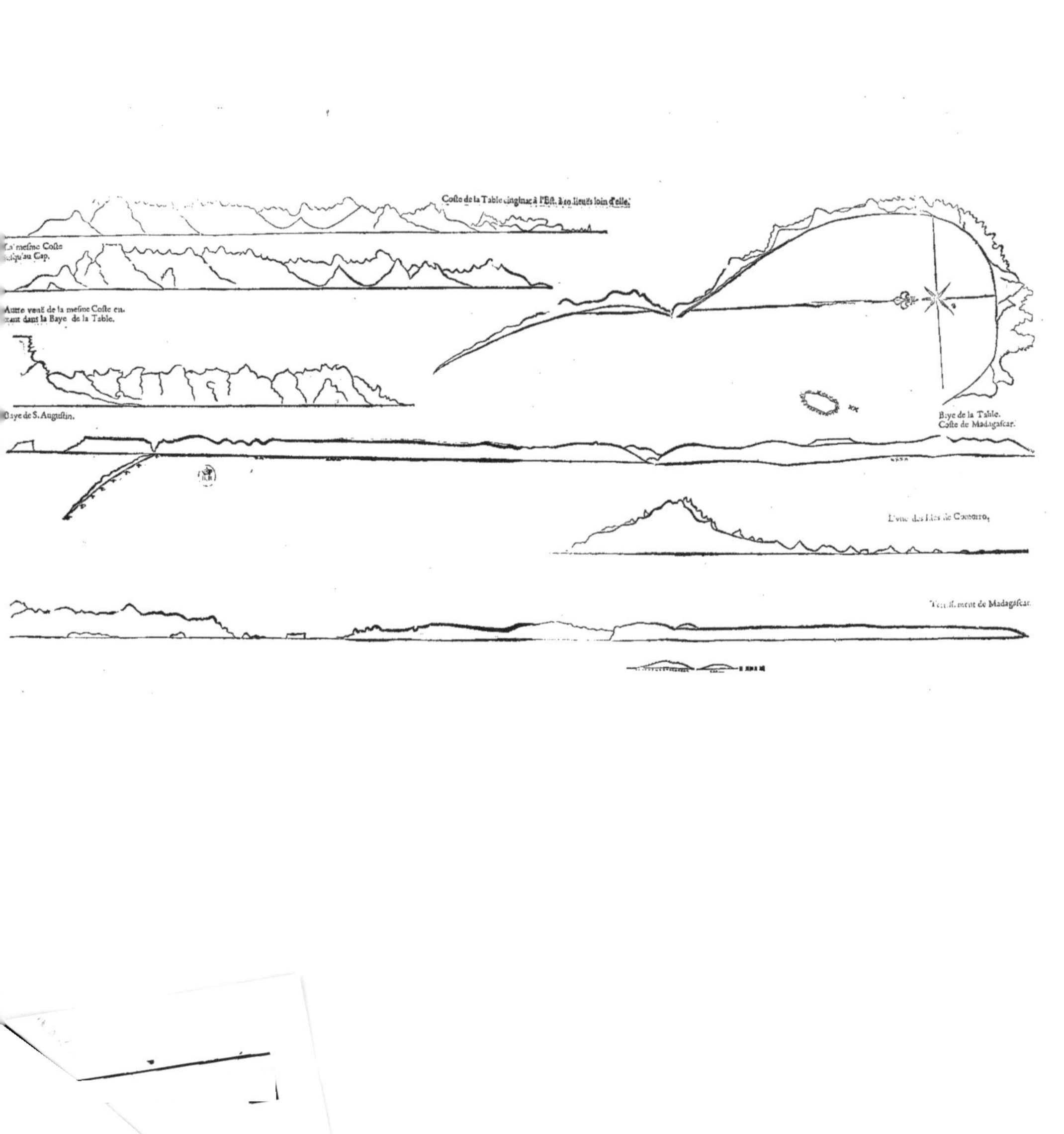
Coste de la Table cinglant à l'Est, à 10 lieuës loin d'elle.
mesme Coste
qu'au Cap.
Autre veuë de la mesme Coste en-
trant dans la Baye de la Table.
aye de S. Augustin.
Baye de la Table.
Coste de Madagascar.

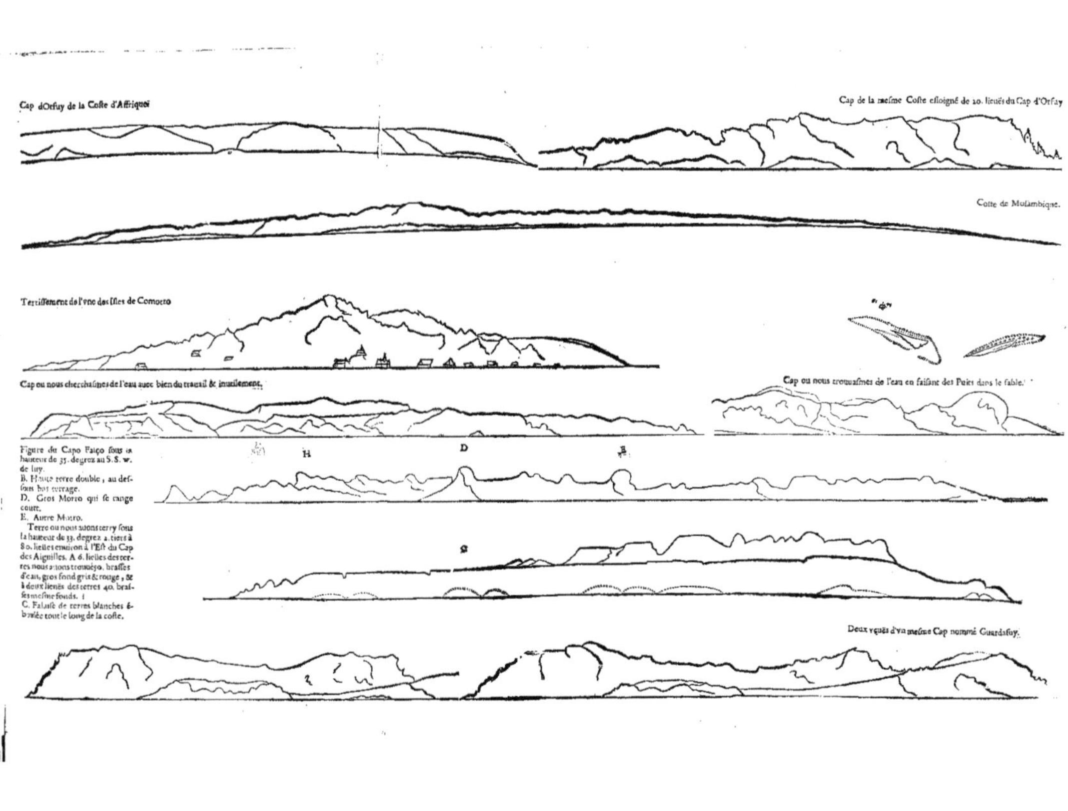
Cap dOrfuy de la Coste d'Affriquei
Cap de la mesme Coste esloigné de 20. lieuës du Cap d'Orfuy
Coste de Mosambique.
Terrissement de l'vne des Isles de Comorro
Cap ou nous cherchasmes de l'eau auec bien du trauail & inutilement.
Cap ou nous trouuasmes de l'eau en faisant des Puis dans le sable.
Figure du Capo Falço sous la hauteur de 35. degrez au S.S.w. de luy.
B. Haute terre double, au dessous bas terrage.
D. Gros Morro qui se range court.
E. Autre Morro.
Terre ou nous auons terry sous la hauteur de 33. degrez 2. tiers à 80. lieües enuiron à l'Est du Cap des Aiguilles. A 6. lieües des terres nous auons trouué 50. brasses d'eau, gros fond gris & rouge, & à deux lieuës des terres 40. brasses mesme fonds.
C. Falaise de terres blanches éboulée tout le long de la coste.
H
D
E
Deux veuës d'vn mesme Cap nommé Guardafuy.

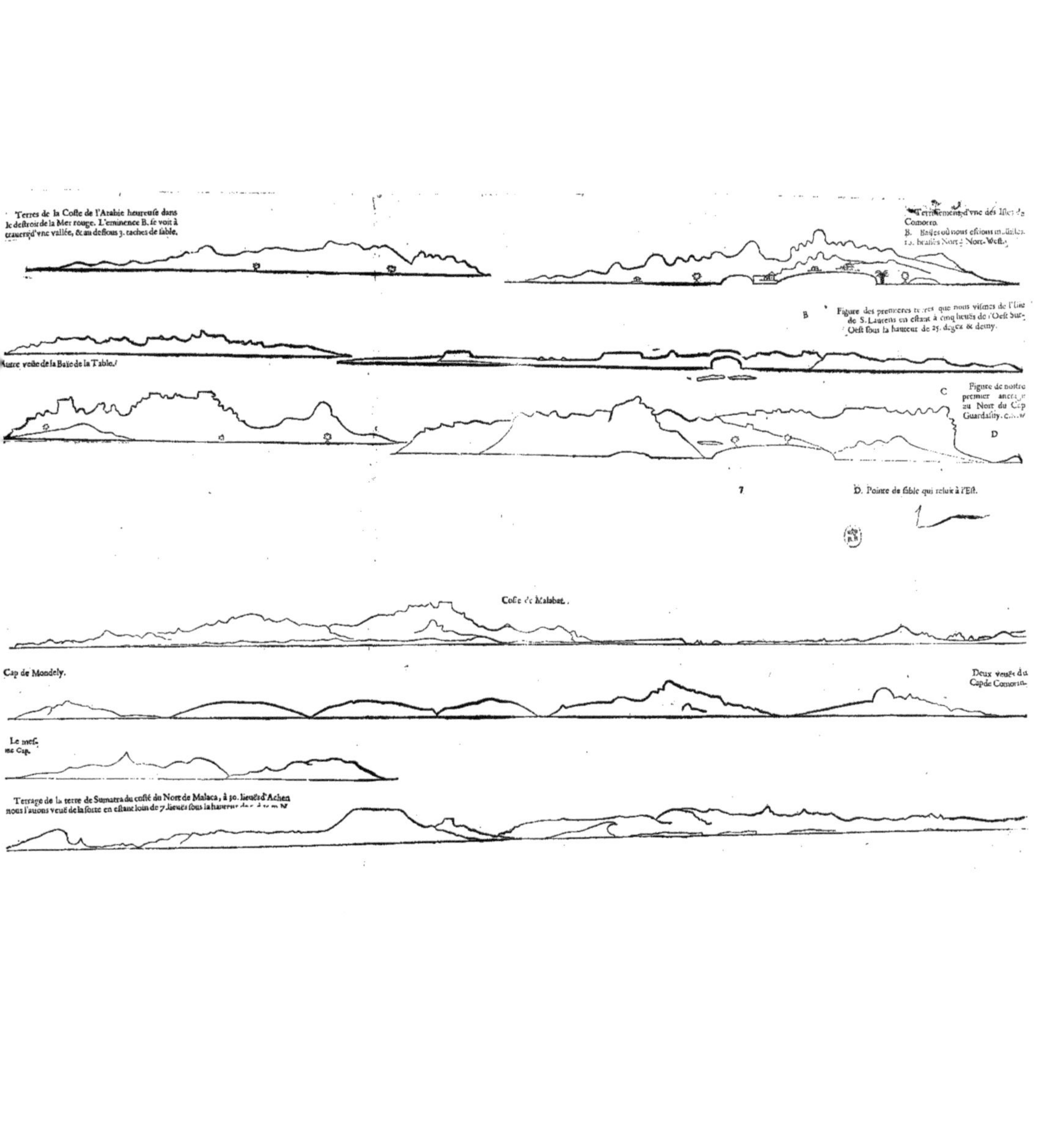

Terres de la Coste de l'Arabie heureuse dans le destroit de la Mer rouge. L'eminence B. se voit à trauers d'vne vallée, & au dessous 3. taches de sable.
Autre veuë de la Baye de la Table.
Comorro.
B.
Figure des premieres terres que nous vismes de l'Isle de S. Laurens en estant à cinq lieuës de l'Oest Sur-Oest sous la hauteur de 25. degez & demy.
C
Figure de nostre premier
au Nort du Cap Guardafity.
D
D. Pointe de sable qui reluit à l'Est.
7
Coste de Malabar.
Cap de Mondely.
Deux veuës du Cap de Comorin.
Le mesme Cap.
Terrage de la terre de Sumatra du costé du Nort de Malaca, à 30. lieuës d'Achen nous l'auons veuë de la sorte en estant loin de 7. lieuës sous la hauteur

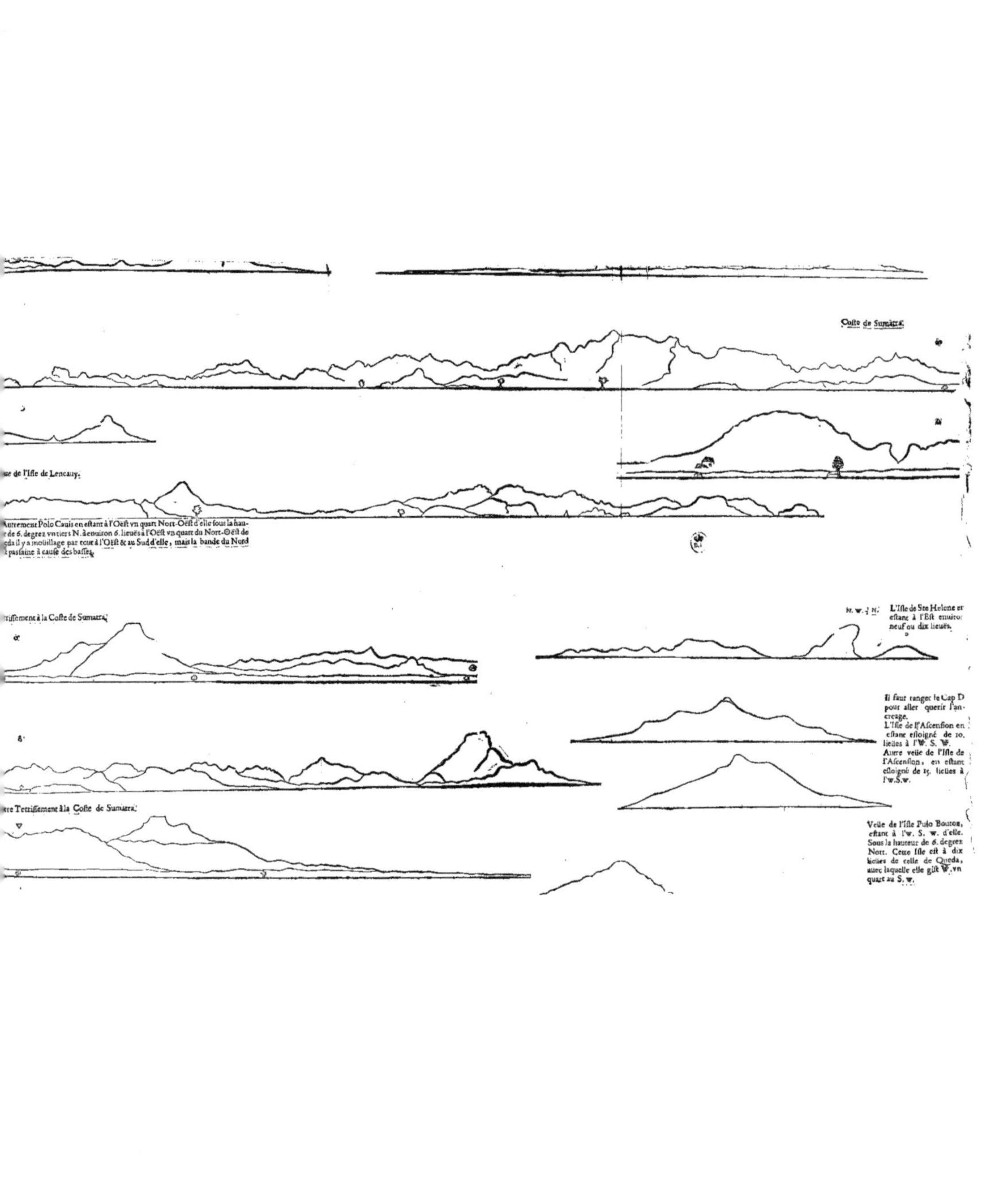
Coste de Sumatra.
ue de l'Isle de Lencauy.
Autrement Polo Cauis en estant à l'Oëst vn quart Nort-Oëst d'elle sous la hau-
r de 6. degrez vn tiers N. à enuiron 6. lieuës à l'Oëst vn quart du Nort-Oëst de
eda il y a moüillage par tout à l'Oëst & au Sud d'elle, mais la bande du Nord
t passaine à cause des basses.
rissement à la Coste de Sumatra.
tre Terrissement à la Coste de Sumatra.
N. w. ½ N.
L'Isle de Ste Helene en estant à l'Est enuiron neuf ou dix lieuës.
Il faut ranger le Cap D pour aller querir l'ancreage.
L'Isle de l'Ascension en estant esloigné de 10. lieües à l'W. S. W.
Autre veüe de l'Isle de l'Ascension, en estant esloigné de 15. lieües à l'w.S.w.
Veüe de l'Isle Pulo Bouton, estant à l'w. S. w. d'elle. Sous la hauteur de 6. degrez Nort. Cette Isle est à dix lieües de celle de Queda, auec laquelle elle gist W. vn quart au S. w.

www.ingramcontent.com/pod-product-compliance
Ingram Content Group UK Ltd.
Pitfield, Milton Keynes, MK11 3LW, UK
UKHW020951180726
13838UKWH00003B/1268

9 782329 411446